马克思主义学生读本

资本的秘密.1

丛书主编：韩喜平
本书著者：杨　勇

吉林出版集团股份有限公司

图书在版编目（CIP）数据

资本的秘密. 1 / 杨勇著. -- 长春：吉林出版集团股份有限公司, 2012.12
（2021.2重印）
（马克思主义学生读本）

ISBN 978-7-5534-1154-5

Ⅰ. ①资… Ⅱ. ①杨… Ⅲ. ①马克思著作－马克思主义政治经济学－青年读物②马克思著作－马克思主义政治经济学－少年读物 Ⅳ. ①A123-49

中国版本图书馆CIP数据核字(2012)第291599号

资本的秘密. 1
ZI BEN DE MI MI.1

丛书主编：韩喜平
本书著者：杨　勇
项目策划：范中华　徐树武
责任编辑：陈　曲
出　　版：吉林出版集团股份有限公司
发　　行：吉林出版集团社科图书有限公司
电　　话：0431-81629720
印　　刷：永清县晔盛亚胶印有限公司
开　　本：710mm × 960mm　1/16
字　　数：100千字
印　　张：12
版　　次：2012年12月第1版
印　　次：2021年2月第4次印刷
书　　号：ISBN 978-7-5534-1154-5
定　　价：36.00元

序　言

习近平总书记指出，青年最富有朝气、最富有梦想，青年兴则国家兴，青年强则国家强。青年是民族的未来，“中国梦”是我们的，更是青年一代的，实现中华民族伟大复兴的“中国梦”需要依靠广大青年的不断努力。

要提高青年人的理论素养。理论是科学化、系统化、观念化的复杂知识体系，也是认识问题、分析问题、解决问题的思想方法和工作方法。青年正处于世界观、方法论形成的关键时期，特别是在知识爆炸、文化快餐消费盛行的今天，如果能够静下心来学习一点理论知识，对于提高他们分析问题、辨别是非的能力有着很大的帮助。

要提高青年人的政治理论素养。青年是祖国的未来，是社会主义的建设者和接班人。党的十八大报告指出，回首近代以来中国波澜壮阔的历史，展望中华民族充满希望的未来，我们得出一个坚定的结论——实现中华民族伟大复兴，必须坚定不移地走中国特色社会主义道路。要建立青年人对中国特色社会主义的道路自信、理论自信、制度自信，就必须要对他们进行马克思主义理论教育，特别是中国特色社会主义理论体系教育。

要提高青年人的创新能力。创新是推动民族进步和社会发展的不竭动力，培养青年人的创新能力是全社会的重要职责。但创新从来都是继承与发展的统一，它需要知识的积淀，需要理论素养的提升。马克思主义理论是人类社会最为重大的理论创新，系统地学习马克思主义理论有助于青年人创新能力的提升。

要培养青年人的远大志向。“一个民族只有拥有那些关注天空的人，这个民族才有希望。如果一个民族只是关心眼下脚下的事情，这个民族是没有未来的。”马克思主义是关注人类自由与解放的理论，是胸怀世界、关注人类的理论，青年人志存高远，奋发有为，应该学会用马克思主义理论武装自己，胸怀世界，关注人类。

正是基于以上几点考虑，我们编写了这套《马克思主义学生读本》系列丛书，以便更全面地展示马克思主义理论基础知识。希望青年朋友们通过学习，能够切实收到成效。

韩喜平

2013年8月

目　录

引　言

资本是资产阶级社会支配一切的经济权利，是整个资本主义经济活动的起点和终点，资本运转全过程是生产过程和流通过程的统一。资本主义社会资本活动的实质是资本家对于劳动者的剥削活动，从而资本主义最本质最基本的关系才真正科学地揭示出来。资本的生产过程，在整个资本主义经济活动过程中具有特别重要的决定性作用。通过对劳动力这一特殊商品买卖的深刻分析，剩余价值的秘密被完全揭露出来。从而资本主义的生产方式以及与它相适应的生产关系和交换关系，以及经济运动规律，生产关系发生、发展及其必然灭亡的规律才能够被揭示出来。

第一章　资本的生产过程

马克思在《资本论》开篇提出，“资本主义生产方式占统治地位的社会的财富，表现为‘庞大的商品堆积’，单个的商品表现为这种财富的元素形式。”因而对资本的生产过程的研究首先就应从分析商品开始。

第一节　商品和货币

一、商品的两个因素：使用价值和价值（价值实体和价值量）

商品是依靠自身的属性来满足人的某种需要的物，是一个外界的对象。满足人的需要的商品是使用价值和价值的统一体。商品生产要远远早于资本主义，但是只有在资本主义社会条件下，它才成为最普遍并占居统治地位的生产形式，正如列宁所言，“所谓资本主义，是指商品生产发展的这样一个阶段，在这个阶段中，不仅人类劳动产品是商品，而且人类劳动力本身也成了商品。”所以，在资本主义社会，商品关系也深刻渗透到社会生活的方方面面和各个领域、环节与过程，成为资本主义社会当中最一般、最普遍的关系。

1．商品的使用价值

首先，商品是一个有用的物，只与自身属性相关，与其他外在因素无关。一是与人的需要的性质无关，二是与满足的方式无关。

其次，商品作为有用物可以从质和量的角度来考察。一是从质来看，每一种有用物都是许多属性的总和，故可以在许多不同的方面均有用。二是从量来看，有用物的量的社会尺度具有两方面的内容：商品尺度的差异，一部分是由于被计量的物的性质不同，一部分是由于约定俗成的历史事情所致。

最后，物的有用性使物成为使用价值。物的有用性依存于商品体的属性，不能离开商品体本身。商品体的这种性质与人取得它的使用属性所耗费的劳动的多少没有关系，因为在考察物的使用价值时，总是以它们的量的规定性为前提的，使用价值只是在使用或消费中才能得到实现。

总之，不论财富的社会的形式如何，使用价值总是构成财富的物质的内容，使用价值是交换价值的物质承担者，这也是商品的使用价值和一般物品的使用价值的真正区别所在。

2．商品的价值（价值实体和价值量）

商品的价值是通过交换价值来表现的，价值是内容，交换价值是形式，所以，马克思从交换价值入手来考察和分析商品的价值。

首先，商品具有一个内在的固有的交换价值。“交换价值首先表现为一种使用价值同另一种使用价值相交换的量的关系或比例，这个比例随着时间和地点的不同而不断改变。”由此造成一种假象，即好像交换价值是一种偶然的、纯粹相对的东西，而与商品固有的、内在的交换价值相矛盾。事实并非如此，有必要进一步考察这一问题。

其次，商品的交换价值实际上是各种商品本身所包含的某种共同物的表现方式。在现实生活中，一定的商品总是可以用不同的比例与其他各种商品相互交换。比如一公斤大米，可以和其他若干量的小麦、鞋油、白银交换，表面上的交换比例是各不相同的，但是相互间交换的事实表明，相互之间具有同样大的交换价值。可见，不同商品相互之间的交换价值显示：一是同一种商品的各种有效的交换价值表示一个等同的东西；二是交换价值只能是可以与它相区别的某种内容的表现方式或“表现形式”。

第三，交换价值是“表现形式”，比如一座大楼的交换价值可以用一定量的玉米来表示，反之，拥有大量玉米的老板也可以用几座大楼来表现大量玉米的价值。因此，“作为使用价值，商品首先有质的差别；作为交换价值，商品只能有量的差别，因而不包含任何一个使用价值的原子。”

抽除商品体的使用价值，那商品体所剩下的一个属性就是其作为劳动产品的属性了。“如果我们把劳动产品的使用价值抽去，那么也就是把那些使劳动产品成为使用价值的物体的组成部分和形式抽去。”诸如桌子、椅子、房屋、车子等有用物所能够感知到的属性也都消失掉，它们也不再是木匠劳动、泥匠劳动、工匠劳动或其他某种一定的生产劳动的产品了，这些劳动的各种具体形式也消失了，“各种劳动不再有什么差别，全都化为相同的人类劳动，抽象人类劳动。”

“共同的东西”实际上只能是凝结在商品中的抽象人类劳动，就是商品的价值。凝结在劳动产品中的“抽象人类劳动”本质上是商品的价值，是商品价值的物质内容，是商品的价值实体。

3．商品的价值量

凝结在商品中的无差别的人类劳动是商品的价值所在，那么该如何计量商品价值量？使用价值或者说财物具有价值，原因在于有抽象人类劳动对象化或物化在商品里面。

首先，商品的价值量是以劳动的量来计量的，即其所包含的形成价值的实体。“劳动本身的量是用劳动的持续时间来计量的，而劳动时间又是用一定的时间单位如小时、日等作尺度的。”

其次，商品的价值量本质上是由社会必要劳动时间决定的。形成价值实体的劳动是相同的人类劳动，是同一的人类劳动力的耗费。同一的人类劳动力事实上是由无数单个劳动力构成的，因而在商品的生产上只使用平均必要劳动时间或社会必要劳动时间。所谓社会必要劳动时间，是在现有的社会正常的生产条件下，在社会平均的劳动熟练程度和劳动强度下制造某种使用价值所需要的劳动时间。可见，使用价值的价值量是由社会必要劳动量，或生产使用价值的社会必要劳动时间决定的。

最后，商品的价值量与生产商品的劳动时间成反比，生产商品所需要的劳动时间则随着生产力的每一变动而变动。劳动生产力越低，生产一种物品的必要劳动时间就越多，该物品的价值就越大。总之，商品的价值量与实现在商品中的劳动的量成正比地变动，与这一劳动的生产力成反比地变动。社会个体要生产商品，不仅要生产使用价值，而且要为别人生产使用价值，即生产社会的使用价值，还要使产品必须通过交换，转到把它当作使用价值使用的人的手里。

综上所述，商品是一定社会历史条件下的产物，劳动产品只有同时具有价值和使用价值双重要素，才能够最终成为商品。

二、体现在商品中的劳动的二重性

商品是使用价值和交换价值的统一，与此同时，商品当中包含着劳动的二重性，即“劳动就它表现为价值而论，也不再具有它作为使用价值的创造者所具有的那些特征”，这个体现在商品中的劳动二重性，“是理解政治经济学的枢纽”。

马克思在分析商品过程中发现，商品的使用价值和价值本质上是由生产商品的劳动二重性决定的。生产一个商品的同一劳动，它一方面形成价值，另一方面又创造使用价值，即形成价值的劳动与生产使用价值的劳动具有完全不同的特征。马克思对劳动二重性的分析具有重要的理论和实践意义。

首先，这一分析奠定了科学劳动价值论的理论基础。古典政治经济学对于“什么样的劳动形成价值，如何形成价值以及怎样形成价值”等问题无能为力。马克思揭示的劳动二重性原理从根本上解决了商品经济中，私人劳动和社会劳动的内在矛盾。

其次，这一分析是揭示剩余价值生产的钥匙。一如恩格斯所言，“要知道什么是剩余价值，他就必须知道什么是价值。”由劳动二重性的论证，深入到资本主义条件下特殊商品——劳动力的使用价值和价值，由此科学揭示了剩余价值的源泉，即劳动力这个特殊商品的使用价值能够创造大于其自身价值的价值。

再次，这一分析为进一步分析相关经济范畴，解决了政治经济学一系列重大问题。只有了解劳动的二重性才能够区分劳动过程和价值增殖过程，才能科学地区分不变资本和可变资本，才能进一步理解资本有机构成、资本积累、社会资本再生产、平均利润等一系列问题。

1．生产使用价值的具体劳动的特征

具体劳动为生产使用价值的有用劳动，它具有三大特点：一是各种有用劳动在性质上是不同的，分别是由“目的、操作方式、对象、手段和结果决定的”，进而生产不同的使用价值；二是各种具体劳动的质的区别，是社会分工的基础，只有单一的分工仍然无法形成商品生产，如古代印度公社中的分工，还需要另一个条件，即私有制的产生和出现；三是生产使用价值的劳动是人类生存的必要条件，但不是形成物质财富的唯一源泉。物质财富是自然物质和劳动这两种要素的结合。正如威廉·配弟所言，“劳动是财富之父，土地是财富之母”。

2．形成价值的抽象劳动的特征

抽象劳动是人类劳动力的耗费，它具有三大特点：一是形成价值的抽象劳动是撇开劳动具体形式的一般人类劳动；二是形成价值的抽象劳动是简单劳动，而复杂劳动则是多倍的简单劳动；三是形成价值的抽象劳动是形成商品价值的实体，在量的方面发生作用，体现着商品生产者之间的生产关系，是一个历史范畴。

3．生产商品的劳动是具体劳动和抽象劳动的统一

首先，包含在商品中的劳动是质和量的统一。异质的具体劳动形成商品的使用价值，同质的抽象劳动形成商品的价值实体。其次，使用价值和价值在量上的反向变动是由劳动二重性决定的，即单位商品价值量的变化，本身是由社会必要劳动时间的变化引起的，与具体劳动本身无关。所以，劳动生产力的高低与生产物的多少成正比。最后，劳动二重性是商品二重性的根源。体现在商品中的劳动是具体劳动与抽象劳动的有机统一，是同一劳动过程而非两次劳动。

三、价值形式或交换价值

马克思认为这一部分是全书中最为难读的部分。商品是二重物，既是使用物品又是价值承担者，它们具有二重的形式，即自然形式和价值形式。商品只有作为同一的社会单位即人类劳动的表现才具有价值对象性，因而它们的价值对象性纯粹是社会的，

价值对象性只能在商品同商品的社会关系中表现出来。只有从商品的交换价值或交换关系出发，才能探索到隐藏在其中的商品价值。总而言之，分析价值形式的目的在于揭示货币的起源和本质。

1. 简单的、个别的或偶然的价值形式

x量商品A=y量商品B，或x量商品A值y量商品B。(20码麻布=1件上衣，或20码麻布值1件上衣。)

（1）价值表现的两极：相对价值形式和等价形式

一切价值形式的秘密都隐藏在这个简单的价值形式中。两个不同种的商品A和B，如我们例子中的麻布和上衣，起着两种不同的作用。麻布通过上衣表现自己的价值，上衣则成为这种价值表现的材料。前一个商品起主动作用，后一个商品起被动作用。前一个商品的价值表现为相对价值，或者说，处于相对价值形式。后一个商品起等价物的作用，或者说，处于等价形式。

相对价值形式和等价形式是同一价值表现的互相依赖、互为条件、不可分离的两个要素，同时又是同一价值表现的互相排斥、互相对立的两端即两极；这两种形式总是分配在通过价值表现互相发生关系的不同的商品上。20码麻布=1件上衣，或20码麻布值1件上衣，这种表现也包含着相反的关系：1件上衣=20码麻布，或1件上衣值20码麻布。但是，要相对地表现上衣的价值，就

必须把等式倒过来，而一旦这样做，成为等价物的就是麻布，而不是上衣了。可见，同一个商品在同一个价值表现中，不能同时具有两种形式。不仅如此，这两种形式是作为两极互相排斥的。总之，一个商品究竟是处于相对价值形式，还是处于与之对立的等价形式，完全取决于它当时在价值表现中所处的地位，就是说，取决于它是价值被表现的商品，还是表现价值的商品。

（2）相对价值形式

马克思对相对价值形式的分析，从逻辑上讲是先分析其质，再分析其量。前者是考察处于相对价值形式的商品的价值性质是怎么表现出来的；后者是考察处于相对价值形式的商品的价值量是怎样表现出来的。

a. 相对价值形式的内容

首先，价值的同一性是价值方程式的基础。只有同质的东西才可相互比较。马克思指出，要发现一个商品隐藏在两个商品的价值关系中的简单价值，必须先完全撇开这个价值关系的量的方面。人们通常在价值关系中只看到两种商品的一定量彼此相等的比例。他们忽略了不同物的量只有化为同一单位后，才能在量上互相比较。不同物的量只有作为同一单位的表现，才是同名称的，可比较的。

其次，一个商品的价值，需要通过与另一商品相互交换，即发生交换关系才能表现出来。例如，麻布与上衣这两个被看作质上等同的商品所起的作用是不同的。麻布的价值是通过同上衣的关系表现的，把上衣当作它的“等价物”。在这个关系中，上衣是价值的存在形式，是价值物，因为只有作为价值物，它才是与麻布相同的。另一方面，麻布自身的价值也显示出来了，或得到了独立的表现，因为麻布只有作为价值才能把上衣当作等值的东西，或与它能交换的东西。

再次，一种商品经过与别的商品相互交换时，能够把商品价值分析的结论体现出来。例如当上衣作为价值物被看作与麻布相等时，前者包含的劳动就被看作与后者包含的劳动相等。只有不同种商品的等价表现才使形成价值的劳动的这种特殊性质显示出来，因为这种等价表现实际上是把不同种商品所包含的不同种劳动，化为它们共同的东西，化为一般人类劳动。

最后，相对价值形式，必须通过等价形式上商品的使用价值表现出来。马克思分析认为，通过价值关系，商品B的物体成了反映商品A的价值的镜子。商品A同作为价值体，作为人类劳动的化身的商品B发生关系，就使商品B的使用价值成为表现商品A自己价值的材料。在商品B的使用价值上表现出来的商品A的价值，具有相对价值形式。

b. 相对价值形式的量的规定性

首先，价值形式不只是要表现价值，而且要表现一个定量的价值。凡是价值要被表现的商品，都是一定量的使用物品，如15

舍费耳小麦、100磅咖啡等。这一定量的商品包含着一定量的人类劳动。因而，价值形式不只是要表现价值，而且要表现一定量的价值，即价值量。

其次，商品价值量的相对表现随着两极价值的变动而变化。“20码麻布=1件上衣，或20码麻布值1件上衣”这一等式的前提是：1件上衣和20码麻布正好包含有同样多的价值实体。就是说，这两个商品量耗费了同样多的劳动或等量的劳动时间。但是生产20码麻布或1件上衣的必要劳动时间，是随着织或缝的生产力的变化而变化的。马克思将其归纳为四种情况：一是在商品B的价值不变时，商品A的相对价值表现在商品B上的价值的增减，与商品A的价值成正比；二是在商品A的价值不变时，它的相对价值表现在商品B上的价值的增减，与商品B的价值变化成反比；三是若商品A和商品B的必要劳动量可以按照同一方向和同一比例同时发生变化，它们的相对价值就保持不变；四是若商品A和商品B的必要劳动时间，可以按照同一方向但以不同的程度同时发生变化，或者按照相反的方向发生变化，等等。这种种可能的组合对一种商品的相对价值的影响，根据前述三类的情况就可以推知。

可见，价值量的实际变化并不能明确地，也不能完全地反映在价值量的相对价值量上。即使商品的价值不变，它的相对价值也可能发生变化。即使商品的价值发生变化，它的相对价值也可能不变，最后，商品的价值量和这个价值量的相对表现同时发生的变化，完全不需要一致。

（3）等价形式

a. 等价形式的概念

当商品A通过不同种商品B的使用价值表现自己的价值时，它就使商品B取得了一种特殊的价值形式，即等价形式。商品A显示出它自身的价值，是通过商品B没有取得与自己的物体形式不同的价值形式而与它相等。这样，商品A表现出它自身具有的价值，实际上是通过商品B能与它直接交换。因此，一个商品的等价形式就是它能与另一个商品直接交换的形式。

b. 等价形式的特点

一是使用价值成为它的对立面即价值的表现形式。为了说明这一点，可以用衡量商品体本身即使用价值的尺度作例子。塔糖是物体，因而有重量，但是我们看不见也摸不着塔糖的重量。现在我们拿一些不同的铁块来，这些铁块的重量是预先确定的。要表现塔糖是重的，就要使它和铁发生重量关系。在这种关系中，铁充当一种只表示重而不表示别的东西的物体。因此，铁的量充当糖的重量尺度，对糖这个物体来说，它只是重的体现和表现形式。铁只是在糖或其他任何要测定重量的物体同它发生重量关系的时候，才起这种作用。如果两种物都没有重，一种物就不能成为另一种物的重的表现。

二是具体劳动成为它的对立面即抽象人类劳动的表现形式。

一种商品例如麻布的相对价值形式，把自己的价值表现为一种与自己的物体和物体属性完全不同的东西，例如表现为与上衣相同的东西，因此，这个表现本身就说明其中隐藏着某种社会关系，等价形式却相反。例如上衣这个物本身就可以表现价值，因而天然就具有价值形式。充当等价物的商品的物体总是作为抽象人类劳动的化身，同时又总是某种有用的、具体的劳动的产品。因此，这种具体劳动就成为抽象人类劳动的表现。

三是私人劳动成为其自身对立面的形式，成为直接社会形式的劳动。例如：缝，只是当作无差别的人类劳动的表现，它也就具有与别种劳动即麻布中包含的劳动等同的形式，因而，尽管它同其他一切生产商品的劳动一样是私人劳动，但终究是直接社会形式上的劳动。正因为这样，它才表现在一种能与别种商品直接交换的产品上。价值表现的秘密，即一切劳动由于而且只是由于一般人类劳动而具有的等同性和同等意义，只有在人类平等概念已成为国民的牢固的成见的时候，才能揭示出来。在这种社会里，商品形式成为劳动产品的一般形式，从而人们彼此作为商品所有者的关系成为占统治地位的社会关系。

（4）简单价值形式的总体

通过对简单价值形式的两极分析。一个商品的简单价值形式包含在它与一个不同种商品的价值关系或交换关系中。商品A的价值，通过商品B能与商品A直接交换而在质上得到表现，通过一定量的商品B能与既定量的商品A交换而在量上得到表现。即，一个商品的价值是通过它表现为“交换价值”而得到独立的表现的。马克思的分析表明，商品的价值形式或价值表现由商品价值的本性产生。

在商品A和商品B的价值关系中，商品A的自然形式只是充当使用价值的形态，而商品B的自然形式只是充当价值形式或价值形态。这样，潜藏在商品中的使用价值和价值的内部对立，就通过外部对立，即通过两个商品的关系表现出来了。在这个关系中，价值要被表现的商品只是直接当作使用价值，而另一个表现价值的商品只是直接当作交换价值。所以，一个商品的简单的价值形式，就是该商品中所包含的使用价值和价值的对立的简单表现形式。

在一切社会状态下，劳动产品都是使用物品，但只是历史上一定的发展时代，也就是使生产一个使用物所耗费的劳动表现为该物的“对象的”属性，即它的价值的时代，才使劳动产品转化为商品。由此可见，商品的简单价值形式同时又是劳动产品的简单商品形式，因此，商品形式的发展是同价值形式的发展一致的。

2．总和的或扩大的价值形式

z量商品A=u量商品B，或=v量商品C，或=w量商品D，或=x量商品E，或=其他。(20码麻布=1件上衣，或=10磅茶叶，或=40磅咖啡，或=1夸特小麦，或=2盎司金，或=1/2吨铁，或=其他)

（1）扩大的相对价值形式

扩大的价值形式比起简单价值形式来，是一个更完全的形式。扩大的相对价值形式就是指处于相对价值形式的商品的价值，不是偶然地表现在某一种商品上，而是经常地表现在一系列商品上。作为商品，它是这个世界的一个公民。同时，商品价值表现的无限的系列表明，商品价值是与它借以表现的使用价值的特殊形式没有关系的。

在第一种形式，即20码麻布=1件上衣中，这两种商品能以一定的量的比例相交换，可能是偶然的事情。相反的，在第二种形式中，一个根本不同于偶然现象并且决定着这种偶然现象的背景马上就显露出来了。麻布的价值无论表现在何种商品上都是一样大的。

（2）特殊等价形式

特殊等价形式是同简介价值形式中的个别（偶然）的等价形式，一般价值形式中的一般等价形式相比较而言的。“每一种商品，上衣、茶叶、小麦、铁等，都在麻布的价值表现中充当等价物，因而充当价值体。”每一种这样的商品的一定的自然形式，现在都成为一个特殊的等价形式，与其他许多特殊等价形式并列。同样，种种不同的商品体中所包含的多种多样的一定的、具体的、有用的劳动，现在只是一般人类劳动的同样多种的、特殊的实现形式或表现形式。

（3）总和的或扩大的价值形式的缺点

首先，从相对价值形式来看。一是商品的相对价值表现是未完成的，因为它的表现系列永无止境。每当新出现一种商品，从而提供一种新的价值表现的材料时，由一个个的价值等式连结成的锁链就会延长。二是这条锁链形成一幅由互不关联的、种类不同的价值表现拼成的五光十色的镶嵌画。三是如果每一种商品的相对价值都表现在这个扩大的形式中，那么，每一种商品的相对价值形式都是一个不同于任何别的商品的相对价值形式的无穷无尽的价值表现系列。

其次，从反映在与商品相适应的等价形式中来看。一是每一种商品的自然形式在这里都是一个特殊的等价形式，与无数别的特殊等价形式并列，所以只存在着有局限性的等价形式，其中每一个都排斥另一个。二是每个特殊的商品等价物中包含的一定的、具体的、有用的劳动，都只是人类劳动的特殊却不充分的表现形式。诚然，人类劳动在这些特殊表现形式的总和中，获得自己的完全的表现形式，但它还没有获得统一的表现形式。

3．一般价值形式

这个一般价值形式，用方程式表示如下：

1件上衣

10磅茶叶

40磅咖啡

1夸特小麦

2盎司金

1/2吨铁

x量商品

其他商品

（1）价值形式变化了的性质

此处价值形式性质的变化，是与前两个价值形式相比较而言的。现在，商品价值的表现：一是简单的，因为都是表现在唯一的商品上；二是统一的，因为都是表现在同一的商品上。它们的价值形式是简单的和共同的，因而是一般的。第一种简单的价值形式和第二种总和的价值形式，都只是使一种商品的价值表现为一种与它自身的使用价值或商品体不同的东西。

新获得的一般的价值形式，使商品世界的价值表现在从商品世界中分离出来的同一种商品上，例如，表现在麻布上，因而使一切商品的价值都通过它们与麻布等同而表现出来。每个商品的价值作为与麻布等同的东西，现在不仅与它自身的使用价值相区别，而且与一切使用价值相区别，正因为这样才表现为它和一切商品共有的东西。因此，只有这种形式才真正使商品作为价值互相发生关系，或者使它们互相表现为交换价值。

商品世界的一般的相对价值形式，麻布，获得了一般等价物的性质。因此，麻布能够与其他一切商品直接交换。它的物体形式是被当作一切人类劳动的可以看得见的化身。这样，物化在商品价值中的劳动，不仅消极地表现为被抽去了实在劳动的一切具体形式和有用属性的劳动。它本身的积极的性质也清楚地表现出来了。这就是把一切实在劳动化为它们共有的人类劳动的性质，化为人类劳动力的耗费。

总之，把劳动产品表现为只是无差别人类劳动的凝结物的一般价值形式，通过自身的结构表明，它是商品世界的社会表现。因此，它清楚地告诉我们，在这个世界中，劳动的一般人类性质形成劳动的特殊社会性质。

（2）相对价值形式和等价形式的发展关系

首先，价值形式的两极是统一的。等价形式的发展程度是同相对价值形式的发展程度相适应的。等价形式的发展只是相对价值形式发展的表现和结果。

其次，价值形式的两极又是对立的。价值形式发展到什么程度，它的两极即相对价值形式和等价形式之间的对立，也就发展到什么程度。

（3）从一般价值形式到货币形式的过渡

首先，一般等价形式是价值的一种形式。它可以属于任何一种商品。另一方面，一种商品处于一般等价形式，是因为它被其他一切商品当作等价物排挤出来，这种排挤最终限制在一种特殊的商品上，使商品世界的统一的相对价值形式获得客观的固定性和一般的社会效力。

其次，等价形式同这种特殊商品的自然形式结合在一起，成为货币商品，或者执行货币的职能。在商品世界起一般等价物的作用。在第二种形式中，充当麻布的特殊等价物，而在第三种形式中把自已的相对价值共同用麻布来表现的各种商品中间，有一种商品长久地保持这一社会职能，这就是黄金和白银。

4．货币形式

货币价值形式，用方程式表示如下：

20码麻布

1件上衣

10磅茶叶

40磅咖啡

1夸特小麦

1/2吨铁

x量商品A

在第一种简单的价值形式过渡到第二种总和的价值形式，第二种总和的价值形式过渡到第三种一般价值形式的时候，都发生了本质的变化。而第四种货币形式与第三种形式的唯一区别，只是金代替麻布取得了一般等价形式。金在第四种形式中同麻布在第三种形式中一样，都是一般等价物。唯一的进步在于它能直接地一般等价交换。

简单的商品形式是货币形式的胚胎。货币形式的出现，使商品内在的矛盾，即使用价值与价值的矛盾、具体劳动与抽象劳动的矛盾、私人劳动与社会劳动的矛盾，完全转变成为外部的对立，即商品与货币的对立。一切商品只有换成货币才能实现自己的价值，一切私人劳动只有通过货币才能转化为社会劳动。

然而，金属货币本身也是一种商品，当它执行货币职能时，它的商品本身的使用价值，就无法在使用中得到实现。我国唐朝时期就因此限制过铜器的生产和消费，因为当时铜是构成货币的材料。商品职能与货币职能的对立形成贵金属货币的内在矛盾。随着商品经济的发展，商品总量的增加，商品交换的范围日益扩大，社会对货币的需求量越来越大，贵金属商品的现有存量也显得明显不足。经济发展从客观上要求货币形式取得进一步的发展。我国唐代末期，金属货币便已不再使用，迫使人们开始使用“短陌钱”。每一贯钱中有一千文铜钱，称“足陌钱”，不足一千文称“短陌钱”。当时每成交价值一贯钱的商品，买方只需交付约定俗成的七八百文钱即可。从此，货币的名义价值开始与实际价值逐渐分离。另一方面，随着交易量的增大，大商人的出现，贵金属货币也暴露出不便携带和保管的弱点。到了宋代，这种贵金属双重职能的内在矛盾便开始出现外部对立的形态，即纸币与金属货币的对立，在我国四川出现了世界上第一种纸币——“交子”。

作为货币符号(价值符号)，纸币是一种信用货币，它本身的价值大大低于它所代表的金属货币。开始时，纸币是由私人机构以一定的金属货币为担保发行的，并可以按固定比率与金属货币兑换。但由于私人信用的不足，常常引起不能兑现的纠纷，需要政府出面处理，而政府也意识到发行纸币有利可图。后来，纸币的发行便由政府垄断，以国家信用为担保，并依靠国家权力来强制流通。随着经济的进一步发展，在一国之内纸币完全取代了贵金属货币，也不再可以与贵金属货币相兑换。贵金属仅在平衡国际收支时偶尔起世界货币的作用，而在一国之内它不过是一种普通商品。一个商品的价值不再由另一个商品(包括贵金属)的使用价值表现出来，而由一个抽象的价值形式来表现。

纸币的出现，是社会生产力发展的历史必然。即使所有的金属货币都不执行商品职能而只执行货币职能，随着社会生产力的发展，商品流通中的价值量也会大大超过金属货币在地球上的全部存量。流通手段不足的矛盾，只能由纸币来解决。虽然，我们常常会看到滥发纸币，导致物价飞涨、国家动荡的情形。但人们只会用其他没有滥发的纸币来代替已滥发的纸币，而无法取消纸币。这就表明了纸币的历史必然性。显然，满足流通需要的纸币的数量会大大超过金属货币的存量，从而如果人们都想拿纸币去兑换金属货币时，将无法保证纸币与金属货币之间价值稳定的直接兑换。因此，纸币与金属货币从可以直接兑换到不能直接兑换也就是历史的必然了。当然，纸币是从金属货币转化而来，它在使一般价值形式摆脱了对某一单类商品（贵金属）的使用价值的依赖的同时，又将一般价值形式建立在抽象出来的一国的所有流通商品的使用价值上。当一国纸币的发行量超出了该国商品流通中所需要的货币量（这个所需要的货币量可能大大超过全部金属货币的存量）时，相对于该国的所有商品，纸币就会贬值。因此，货币充当一般等价物的本质作用并没有因纸币的出现而改变，而是变得更纯粹了。另一方面，纸币的本身的纸介质，并不是商品交换过程所必须的，因此，记帐式货币(支票、信用卡)就应运而生了。

四、商品的拜物教性质及其秘密

这一部分在于揭示价值的本质。价值的本质在于商品价值体现着商品生产者人与人之间的生产关系，无非就是被掩盖在物的外壳之内。

在前面的基础上，透过价值形式进一步分析价值的本质。为了揭示价值的本质，就必须分析商品拜物教的性质及其秘密。在商品生产的条件下，商品生产中人与人的关系，被蒙上一层物的外衣，表现为物与物的关系，即商品与商品间的关系。由于生产关系的物化，使商品具有神秘性质，即拜物教性质。分析商品的拜物教性质，就是要透过物的外壳揭示商品价值的社会性和历史性。这一节是继续前面等价形式的第四个特点，在这里予以详细的论述，通过分析私人劳动和社会劳动以及物的人格化和人格的物化这两对矛盾来说明商品形式的拜物教。这一部分主要系统地论述以下问题：一是商品拜物教的性质；二是商品的神秘性质来自价值表现形式；三是商品拜物教的原因是私人劳动和社会劳动的矛盾。

1. 商品拜物教性质及其来源

什么是商品拜物教？商品拜物教的性质是什么？简单地说，商品拜物教是商品生产关系的产物，是在私有制为基础的商品经济条件下，人们对商品的崇拜和迷信。在以私有制为基础的商品经济中，商品生产者之间的关系，是通过物与物，即商品与商品的关系来表现的。一切物品本来是人手的产物，可是一旦成为商品之后，却异化成为支配商品生产者命运的力量，主宰商品生产者的一切。具体而言，就是商品的运动，即价值运动，货币的运动，都表现为物对人的支配过程，表现为不依人的意志为转移的客观必然性。商品的价值规律作为一种自发的、盲目的力量支配着商品生产者的经济活动，因而使人们产生对商品的盲目崇拜，以为商品有一种神奇的力量支配自己。马克思指出：神是人脑的产物，但它表现为独立于人而存在的、与人发生关系并主宰人的命运的有生命的东西。商品、价值和货币是人手和人们关系的产物，也表现为独立于人之外而存在，并支配着人的活动和命运的神秘力量。马克思为了与宗教相比，称之为商品拜物教。但是，这只是一定限度内的比喻。宗教是一种虚幻的观念，而商品拜物教则不是。它首先是指私有制商品经济中的生产关系的物化，即人的关系表现为物的关系，而物的关系掩盖了人的关系。商品拜物教观念产生于商品经济的客观存在，但不能用神秘观念来代替和说明商品拜物教本身。前者属于意识形态领域中的问题，后者属于经济关系领域中的问题。政治经济学分析商品拜物教，依然是要分析私有制商品经济中的生产关系的特点，而不只是分析一种错误观念。

商品的神秘性这种社会现象是如何产生的呢？首先，商品的神秘性质不是来源于商品的使用价值。人们通过具体劳动的方式改变自然物质的形态，成为商品的使用价值，没有什么神秘的地方。其次，商品的神秘性质也不是来源于价值规定的内容。因为，一是不管有用劳动或生产活动怎样不同，它们都是人体的机能，而每一种这样的机能不管内容和形式如何，实质上都是人的脑、神经、肌肉、感官等的耗费。这是一个生理学上的真理。二是说到作为决定价值量的基础的东西，即这种耗费的持续时间或劳动量，那么，劳动的量可以十分明显地同劳动的质区别开来。在一切社会状态下，人们对生产生活资料所耗费的劳动时间必然是关心的，虽然在不同的发展阶段上关心的程度不同。三是一旦人们以某种方式彼此为对方劳动，他们的劳动也就取得了社会的形式。价值由抽象劳动规定，而抽象劳动的内容就是人类劳动力的耗费。从这方面来讲也没有什么神秘之处。再次，从决定价值量的劳动时间或劳动量来说，在一切社会形态中，人们在生产中都要耗费一定的劳动时间，而且生产者都会关心劳动时间的耗费（但不必表现在价值上面），只是在不同的历史发展阶段上关心的程度不同。这也并没有任何神秘之处。最后，从劳动具有社会劳动的性质来说，这是任何社会生产中都存在的事情。因为生产并不是一个人孤立进行的，而是要同社会上其他人发生联系，特别在社会分工存在和发展的条件下，互相为对方、为社会而劳动。这同样不会有什么神秘的地方。那么，商品的神秘性质究竟来自何处呢？

人类劳动的等同性，取得了劳动产品等同的价值对象性这种物的形式；用劳动的持续时间来计量的人类劳动力的耗费，取得了劳动产品的价值量的形式；最后，劳动的那些社会规定借以实现的生产者的关系，取得了劳动产品的社会关系的形式。

可见，商品形式在人们面前,把人们本身劳动的社会性质反映成劳动产品本身的物的性质，反映成这些物的天然的社会属性，从而把生产者同总劳动的社会关系反映成存在于生产者之外的物与物之间的社会关系。由于这种转换，劳动产品成了商品，成了可感觉而又超感觉的物或社会的物。相反，商品形式和它借以得到表现的劳动产品的价值关系，是同劳动产品的物理性质以及由此产生的物的关系完全无关的。这只是人们自己的一定的社会关系，但它在人们面前采取了物与物的关系的虚幻形式。在商品世界里，人手的产物也是这样。劳动产品一旦作为商品来生产，就带上拜物教性质，因此拜物教是同商品生产分不开的。而商品的价值一旦用货币形式来表现，就将拜物教转换成拜金教或拜金主义。

商品世界的这种拜物教性质，是来源于生产商品的劳动所特有的社会性质。使用物品成为商品，只是因为它们是彼此独立进行的私人劳动的产品。这种私人劳动的总和形成社会总劳动。由于生产者只有通过交换他们的劳动产品才发生社会接触，因此，他们的私人劳动的特殊的社会性质也只有在这种交换中才表现出来。换句话说，私人劳动在事实上证实为社会总劳动的一部分，只是由于交换使劳动产品之间,从而使生产者之间发生了关系。因此，在生产者面前，他们的私人劳动的社会关系不是表现为人们在自己劳动中的直接的社会关系，而是表现为人们之间的物的关系和物之间的社会关系。

2. 商品拜物教是商品生产关系的必然产物

劳动产品只是在它们的交换中，才取得一种社会等同的价值对象性，这种对象性是与它们的感觉上各不相同的使用对象性相分离的。劳动产品分裂为有用物和价值物，实际上只是发生在交换已经十分广泛和十分重要的时候，那时有用物是为了交换而生产的，因而物的价值性质还在生产时就被注意到了。从那时起，生产者的私人劳动真正取得了二重的社会性质。一方面，生产者的私人劳动必须作为一定的有用劳动来满足一定的社会需要，从而证明它们是总劳动的一部分，是自然形成的社会分工体系的一部分。另一方面，只有在每一种特殊的有用的私人劳动可以同任何另一种有用的私人劳动相交换从而相等时，生产者的私人劳动才能满足生产者本人的多种需要。

全不同的劳动所以能够相等，只是因为它们的实际差别已被抽去，它们已被化成它们作为人类劳动力的耗费、作为抽象的人类劳动所具有的共同性质。私人生产者的头脑把他们的私人劳动的这种二重的社会性质，只是反映在从实际交易，产品交换中表现出来的那些形式中，也就是把他们的私人劳动的社会有用性，反映在劳动产品必须有用，而且是对别人有用的形式中；把不同种劳动的相等这种社会性质，反映在这些在物质上不同的物即劳动产品具有共同的价值性质的形式中。

可见，人们使他们的劳动产品彼此当作价值发生关系，不是因为在他们看来这些物只是同种的人类劳动的物质外壳。恰恰相反，他们在交换中使他们的各种产品作为价值彼此相等，也就使他们的各种劳动作为人类劳动而彼此相等。他们没有意识到这一点，但是他们这样做了。价值没有在额上写明它是什么。不仅如此，价值还把每个劳动产品变成社会的象形文字。后来，人们竭力要猜出这种象形文字的涵义，要了解他们自己的社会产品的秘密，因为使用物品当作价值，正像语言一样，是人们的社会产物。后来科学发现，劳动产品作为价值，只是生产它们时所耗费的人类劳动的物的表现，这一发现在人类发展史上划了一个时代，但它决没有消除劳动的社会性质的物的外观。

产品交换者实际关心的问题，首先是他用自己的产品能换取多少别人的产品，就是说，产品按什么样的比例交换。当这些比例由于习惯而逐渐达到一定的稳固性时，它们就好像是由劳动产品的本性产生的。例如，1吨铁和2盎司金的价值相等，就像1磅金和1磅铁虽然有不同的物理属性和化学属性，但是重量相等一样。实际上，劳动产品的价值性质，只是通过劳动产品作为价值量发生作用才确定下来。价值量不以交换者的意志、设想和活动为转移而不断地变动着。在交换者看来，他们本身的社会运动具有物的运动形式。不是他们控制这一运动，而是他们受这一运动控制。因此，价值量由劳动时间决定是一个隐藏在商品相对价值的表面运动后面的秘密。这个秘密的发现，消除了劳动产品的价值量纯粹是偶然决定的这种假象，但是决没有消除这种决定所采取的物的形式。

只有商品价格的分析才导致价值量的决定，只有商品共同的货币表现才导致商品的价值性质的确定。但是，正是商品世界的这个完成的形式——货币形式，用物的形式掩盖了私人劳动的社会性质以及私人劳动者的社会关系，而不是把它们揭示出来。如果马克思说，上衣、皮靴等把麻布当作抽象的人类劳动的一般化身而同它发生关系，这种说法的荒谬是一目了然的。但是当上衣、皮靴等的生产者使这些商品同作为一般等价物的麻布(或者金银，这丝毫不改变问题的性质)发生关系时，他们的私人劳动同社会总劳动的关系正是通过这种荒谬形式呈现在他们面前的。

所以，这种种形式恰好形成资产阶级经济学的各种范畴。对于这个历史上一定的社会生产方式即商品生产的生产关系来说，这些范畴是有社会效力的、因而是客观的思维形式。因此，一旦我们逃到其他的生产形式中去，商品世界的全部神秘性，在商品生产的基础上笼罩着劳动产品的一切魔法妖术，就立刻消失了。

3. 在没有商品生产的社会里是不存在商品拜物教的

在非商品生产的社会，人们的劳动直接表现为社会劳动即社会总劳动的一部分。在那里，劳动不必以价值的形式来表现，劳动时间也不必以价值量的形式来表现，从而人与人在生产上相互交换其活动的关系不必通过物的社会关系来表现，不存在商品也就不存在商品的神秘性，当然也就不存在商品拜物教了。马克思着重论述了四种情况：

首先，孤岛上鲁宾逊的劳动是他个人不同的活动形态。在孤岛上生活的鲁宾逊，他的劳动是个人活动的不同具体形式，不产生商品拜物教。尽管他的生产职能是不同的，但都是同一个人的不同活动形式，因而只是人类劳动的不同方式。他和他创造的物品之间的关系，是简单明了的。

其次，封建社会中，人与人在劳动上结成的社会关系，是直接表现在人的关系上的。在自然经济占统治地位的西欧封建社会中，物质生产的社会关系，是建立在人身依附关系基础上的（劳动和产品不采取虚幻的形式），也不存在商品拜物教。它们作为劳役和实物贡献而进入社会机构之中。在那里，劳动的自然形式，劳动的特殊性是劳动的直接社会形式，而不是像在商品生产中那样，“劳动的共性是劳动的直接社会形式”。人们在劳动中的关系表现为他们之间的个人关系，而没有披上物之间即劳动产品之间的社会关系的外衣。

再次，在自给自足的农村家长制生产中，劳动是直接社会化的，亦不存在商品拜物教。在家庭生产中，实行自然分工，个人劳动力只是作为家庭共同劳动力的器官而发挥作用的。其中每一个成员的劳动，都表示是家庭总劳动的不可分割的一部分，用时间计算个人劳动力的耗费，直接表现为劳动本身的社会规定。

最后，在“自由人联合体”，即共产主义社会中，社会生产关系是简单明了的，因而不存在商品拜物教。他比较详细而明确地指出：让我们设想有一个自由人联合体，他们用公共的生产资料进行劳动，并且按照预先商定的计划，把他们许多个人劳动力当作一个社会劳动力来使用。我们关于鲁宾逊的劳动所谈到的一切，在这里重演了，不过不是在个人身上，而是在社会范围内重演。鲁宾逊的一切产品只是他个人专有的产品，直接是他的使用物品。联合劳动者的总产品是社会的产品。一部分重新用作生产资料，仍然是社会的；但另一部分用于消费，因此必须在所有成员之间进行分配。分配方式会随着社会生产机体和劳动者的历史发展程度而改变。为了把这种情况同商品生产进行对比，我们假定，每个劳动者得到的份额同他的劳动时间成正比。这样，劳动时间就会起双重作用。一方面，劳动时间在社会中的分配，精确地调节着各种职能同各种需要的比例；另一方面，劳动时间是计量每个生产者在共同劳动中所占的份额，同时也计量每个生产者在共同产品的消费部分中所占的份额。在这里，人们在劳动中的社会关系以及对他们的劳动生产出来的有用物品的关系方面，无论在生产上还是在分配上，都是简单明了的。

在人类社会中，由没有商品拜物教到有商品拜物教，直到它的消亡的过程，正如宗教的演变一样，是一个长期的历史过程。当生产力还没有高度发展，人们还不能认识和控制自然力的时候，就容易把自然力神化，产生崇拜自然力的拜物教。当人们的生产关系还没有被人们充分认识，弄不清社会上人与人的深刻关系时，同样会产生宗教。只有在人们认清了人和自然之间以及人和人之间的明明白白的关系时，宗教才会消失。商品拜物教也是这样，只有在生产资料公有制已经建立并且消灭了商品制度以后，在全社会的计划的控制下，才会消除商品拜物教。马克思指出：只有当劳动条件和实际生活条件，在人们面前表现为人与人之间和人与自然之间的明白而合理的关系时，现实世界的宗教反映才会消失。物质生产和它所包含的关系是社会生活的基础，这种社会生活只有当它一旦表现为自由结合、自觉活动并且控制自己的社会运动的物质产物时，它才会把神秘的纱幕揭掉。但是，这需要在社会上有一系列高度发展的物质生存条件，而这些条件本身又只是长期的、痛苦的、发展的产物。

第二节　交换过程

一、货币的形成

商品不能自己到市场去，不能自己去交换。因此，我们必须找寻它的监护人，商品所有者。商品是物，所以不能反抗人。如果它不乐意，人可以使用强力，换句话说，把它拿走。为了使这些物作为商品彼此发生关系，商品监护人必须作为有自己的意志体现在这些物中的人彼此发生关系，因此，一方只有符合另一方的意志，就是说每一方只有通过双方共同一致的意志行为，才能让渡自己的商品，占有别人的商品。商品本性的规律通过商品所有者的天然本能表现出来。他们只有使他们的商品同任何别一种作为一般等价物的商品相对立，才能使他们的商品作为价值，从而作为商品彼此发生关系。商品分析已经表明了这一点。但是，只有社会的活动才能使一种特定的商品成为一般等价物。因此，其他一切商品的社会的行动使一种特定的商品分离出来，通过这种商品来全面表现它们的价值。于是这一商品的自然形式就成为社会公认的等价形式。由于这种社会过程，充当一般等价物就成为被分离出来的商品的特殊社会职能。这种商品就成为货币。

二、货币的本质

货币结晶是交换过程的必然产物。在交换过程中，各种不同的劳动产品事实上彼此等同，从而事实上转化为商品。交换的扩大和加深的历史过程，使商品本性中潜伏着的使用价值和价值的对立发展起来。为了交易，需要这一对立在外部表现出来，这就要求商品价值有一个独立的形式，这个需要一直存在，直到由于商品分为商品和货币这种二重化而最终取得这个形式为止。可见，随着劳动产品转化为商品，商品就在同一程度上转化为货币。

在直接的产品交换中，每个商品对于它的所有者直接就是交换手段，对于它的非所有者直接就是等价物，不过它要对于后者是使用价值。因此，交换物还没有取得同它本身的使用价值或交换者的个人需要相独立的价值形式。随着进入交换过程的商品数量和种类的增多，就越来越需要这种形式。问题和解决问题的手段同时产生。如果不同商品所有者的不同商品在它们的交易中不和同一个第三种商品相交换并作为价值和它相比较，商品所有者拿自己的物品同其他种种物品相交换、相比较的交易就决不会发生。这第三种商品由于成为其他各种商品的等价物，就直接取得一般的或社会的等价形式，虽然是在狭小的范围内。这种一般等价形式同引起这个形式的瞬息间的社会接触一起产生和消失。这种形式交替的、暂时的由这种或那种商品承担。但是，随着商品交换的发展，这种形式就只是固定在某些特定种类的商品上，或者说结晶为货币形式。既然其他一切商品只是货币的特殊等价物，而货币是它们的一般等价物，所以它们是作为特殊商品来同作为一般商品的货币发生关系。

第三节　货币或商品流通

货币是什么？它是商品社会最优秀的媒婆。为了简单起见，马克思假定金是货币商品。

一、价值尺度

金的第一个职能是为商品世界提供表现价值的材料，或者说，是把商品价值表现为同名的量，使它们在质的方面相同，在量的方面可以比较。因此，金执行一般的价值尺度的职能，并且首先只是由于这个职能，金这个特殊的等价商品才成为货币。商品并不是由于有了货币才可以通约。恰恰相反。因为一切商品作为价值都是物化的人类劳动，它们本身就可以通约，所以它们能共同用一个特殊的商品来计量自己的价值，这样，这个特殊的商品就成为它们共同的价值尺度或货币。货币作为价值尺度，是商品内在的价值尺度即劳动时间的必然表现形式。

作为价值尺度和作为价格标准，货币执行着两种完全不同的职能。作为人类劳动的社会化身，它是价值尺度；作为规定的金属重量，它是价格标准。作为价值尺度，它用来使形形色色的商品的价值变为价格，变为想象的金量；作为价格标准，它计量这些金量。价值尺度是用来计量作为价值的商品，相反，价格标准是用一个金量计量各种不同的金量，而不是用一个金量的重量计量另一个金量的价值。要使金充当价格标准，必须把一定重量的金固定为计量单位。在这里，正如在其他一切同名量的尺度规定中一样，尺度比例的固定性有决定性的意义。因此，充当计量单位的那个金量越是不变，价格标准就越是能更好地执行自己的职能。金能够充当价值尺度，只是因为它本身是劳动产品，因而是潜在可变的价值。

二、流通手段

1．商品的形态变化

货币的流通手段是由商品交换或商品形态变化所给予的，要先从商品的形态变化入手分析。交换过程使商品从把它们当作非使用价值的人手里转到把它们当作使用价值的人手里，就这一点说，这个过程是一种社会的物质变换。一种有用劳动方式的产品代替另一种有用劳动方式的产品。商品一到它充当使用价值的地方，就从商品交换领域转入消费领域。在这里，我们感兴趣的只是商品交换领域。因此，我们只是从形式方面考察全部过程，就是说，只是考察为社会的物质变换作媒介的商品形式变换或商品形态变化。商品交换过程是在两个互相对立、互为补充的形态变化中完成的：从商品转化为货币，又从货币转化为商品。商品形态变化的两个因素同时就是商品所有者的两种行为，一种是卖，把商品换成货币；一种是买，把货币换成商品。这两种行为的统一就是：为买而卖。商品的交换过程是在下列的形式变换中完成的：商品—货币—商品，即W—G—W。从物质内容来说，这个运动是W—W，是商品换商品，是社会劳动的物质变换，这种物质变换的结果一经达到，过程本身也就结束了。

首先，W—G。商品的第一形态变化或卖。商品价值从商品体跳到金体上，是商品的惊险的跳跃。这个跳跃如果不成功，摔坏的不是商品，但一定是商品所有者。商品价格的实现，或商品的仅仅是观念的价值形式的实现，同时就是货币的仅仅是观念的使用价值的实现。商品转化为货币，同时就是货币转化为商品。这一个过程是两方面的：从商品所有者这一极看，是卖；从货币所有者这另一极看，是买。或者说，卖就是买，W—G同时就是G—W。

其次，G—W。商品的第二形态变化，或最终的形态变化：买。—货币是其他一切商品的转换形态，或者说，是它们普遍让渡的产物，因此是绝对可以让渡的商品。货币把一切价格倒过来读，从而把自己反映在一切商品体上，即为货币本身转化为商品而献身的材料上。同时，价格表明货币可以转化的限度，即指明货币本身的量。既然商品在变成货币后就消失了，所以，从货币上就看不出它究竟怎样落到货币所有者的手中，究竟是由什么东西转化来的。货币没有臭味，无论它从哪里来。一方面，它代表已经卖掉的商品，另一方面，它代表可以买到的商品。

G—W，即买，同时就是卖，即W—G；因此，一个商品的后一形态变化，同时就是另一商品的前一形态变化。对我们的织麻布者来说，他的商品的生命旅程是以他把2镑又转化为《圣经》而结束的。卖《圣经》的人则把从织麻布者那里得到的2镑换成烧酒。G—W，即W—G—W(麻布—货币—《圣经》)的终段，同时就是W—G，即W—G—W(《圣经》—货币—烧酒)的始段。因为商品生产者只提供单方面的产品，所以他常常是大批地卖；而他的多方面的需要，又迫使他不断地把已经实现的价格，或得到的全部货币额，分散在许多次买上。卖一次就要买许多次各种各样的商品。这样，一种商品的最终的形态变化，就是许多其他商品的第一形态变化的总和。

2. 货币的流通

货币的流通只是商品流通的表现。商品流通直接赋予货币的运动形式，就是货币不断地离开起点，就是货币从一个商品所有者手里转到另一个商品所有者手里，或者说，就是货币流通。

货币流通表示同一个过程的不断的、单调的重复。商品总是在卖者方面，货币是作为购买手段在买者方面。货币作为购买手段执行职能，是在它实现商品的价格的时候。而货币在实现商品的价格的时候，把商品从卖者手里转到买者手里，同时自己也从买者手里离开，到了卖者手里，以便再去同另一种商品重复同样的过程。另一方面，货币所以具有流通手段的职能，只因为货币是商品的独立出来的价值。因此，货币作为流通手段的运动，实际上只是商品本身的形式的运动。因而这种运动也必然明显地反映在货币流通上。每一个商品在流通中走第一步，即进行第一次形式变换，就退出流通，而总有新的商品进入流通。相反，货币作为流通手段却不断地留在流通领域，不断地在那里流动。于是产生了一个问题，究竟有多少货币不断地被流通领域吸收。

在一个国家里，每天都发生大量的、同时发生的、因而在空间上并行的单方面的商品形态变化，换句话说，一方面单是卖，另一方面单是买。商品在自己的价格上已经等于一定的想象的货币量。因为这里所考察的直接的流通形式总是使商品和货币作为物体彼此对立着，商品在卖的一极，货币在买的一极，所以，商品世界的流通过程所需要的流通手段量，已经由商品的价格总额决定了。事实上，货币不过是把已经在商品价格总额中观念地表现出来的金额实在地表现出来。先是商品价格同货币价值成反比例地变化，然后是流通手段量同商品价格成正比例地变化。在前一种情况下，流通的银要比以前的金多，在后一种情况下，流通的金要比以前的银少。在这两种情况下，货币材料的价值，即执行价值尺度的职能的商品的价值都改变了，因此，商品价值的价格表现也会改变，实现这些价格的流通货币量也会改变。

在每一段时期内执行流通手段职能的货币的总量，一方面取决于流通的商品世界的价格总额，另一方面取决于这个商品世界的互相对立的流通过程流动的快慢，这种流动决定着同一些货币能够实现价格总额的多大部分。但是，商品的价格总额又决定于每种商品的数量和价格。这三个因素，即价格的变动、流通的商品量、货币的流通速度，可能按不同的方向和不同的比例变动，因此，待实现的价格总额以及受价格总额制约的流通手段量，也可能有多种多样的组合。

3. 铸币，价值符号

从货币作为流通手段的职能中产生出货币的铸币形式。在商品的价格或货币名称中想象地表现出来的金重量，必须在流通中作为同名的金块或铸币同商品相对立。正像确立价格标准一样，铸造硬币也是国家的事。金币和金块本来只有形状上的差别，金始终能从一种形式变为另一种形式。它离开造币厂的道路，同时就是通向熔炉的道路。这是因为金币在流通中受到磨损，有的磨损得多，有的磨损得少。金的名称和金的实体，名义含量和实际含量，开始了它们的分离过程。同名的金币，具有了不同的价值，因为重量不同了。作为流通手段的金同作为价格标准的金偏离了，因此，金在实现商品的价格时不再是该商品的真正等价物。从西方的历史看，金属的货币价值与名义价值的偏离是由于货币金属的磨损，但从中国的历史看，这种磨损只是造成这种偏离的表面原因。显然，除了货币商品外，其它商品的磨损会立即损害到它们的价值。中世纪和直到十八世纪为止的近代的铸币史就是一部这样混乱的历史。

银记号或铜记号的金属含量是由法律任意规定的。它们在流通中比金币磨损得还要快。因此，它们的铸币职能实际上与它们的重量完全无关，就是说，与任何价值完全无关。金的铸币存在同它的价值实体完全分离了。因此，相对地说没有价值的东西，例如，纸票就能代替金来执行铸币的职能。在金属货币记号上，这种纯粹的象征性质还在一定程度上隐藏着。但在纸币上，这种性质就暴露无遗了。这里讲的只是强制流通的国家纸币。这种纸币是直接从金属流通中产生出来的。而信用货币产生的条件，我们从简单商品流通的观点来看还是根本不知道的。纸币是金的符号或货币符号。纸币同商品价值的关系只不过是商品价值观念地表现在一个金量上，这个金量则由纸象征地、可感觉地体现出来。纸币只有代表金量(金量同其他一切商品量一样，也是价值量)，才成为价值符号。

三、货币贮藏

作为价值尺度并因而以自身或通过代表作为流通手段来执行职能的商品，是货币。因此，金(或银)是货币。金作为货币执行职能，一方面是在这样的场合：它必须以其金体(或银体)出现，因而作为货币商品出现，就是说，它不像在充当价值尺度时那样纯粹是观念的，也不像在充当流通手段时那样可以用别的东西来代表；另一方面是在这样的场合：它的职能——不论由它亲自执行，还是由它的代表执行——使它固定成为唯一的价值形态，成为交换价值的唯一适当的存在，而与其他一切仅仅作为使用价值的商品相对立。

两种对立的商品形态变化的不断循环，或卖与买的不息转换，表现在不停的货币流通上，或表现在货币作为流通的永动机的职能上。只要商品的形态变化系列一中断，卖之后没有继之以买，货币就会停止流动，或者如布阿吉尔贝尔所说的，由动的东西变为不动的东西，由铸币变为货币。货币贮藏在金属流通的经济中执行着种种不同的职能。它的第一个职能是从金银铸币的流通条件中产生的。我们已经知道，随着商品流通在范围、价格和速度方面的经常变动，流通的货币量也不断增减。因此，这个量必须能伸缩。有时货币必须当作铸币被吸收，有时铸币必须当作货币被排斥。为了使实际流通的货币量总是同流通领域的饱和程度相适应，一个国家的现有的金银量必须大于执行铸币职能的金银量。这个条件是靠货币的贮藏形式来实现的。货币贮藏的蓄水池，对于流通中的货币来说，既是排水渠，又是引水渠。因此，货币永远不会溢出它的流通的渠道。在纸币时代，货币存储的蓄水池是银行。

四、支付手段

在上面我们所考察的商品流通的直接形式中，同一价值量总是双重地存在着，在一极上是商品，在另一极上是货币。所以，商品所有者只是作为现存的互相等价的物的代表来接触。但是，随着商品流通的发展，使商品的让渡同商品价格的实现在时间上分离开来的关系也发展起来。这里我们只举出其中一些最简单的关系。一些商品需要的生产时间较长，另一些商品需要的生产时间较短。不同的商品的生产与不同的季节有关。一些商品在市场所在地生产，另一些商品要运输到远方的市场去。因此，一个商品所有者可以在另一个商品所有者作为买者出现之前，作为卖者出现。当同样一些交易总是在同一些人中间反复进行时，商品的出售条件就按照商品的生产条件来调节。另一方面，有一些商品，如房屋的使用权是出卖一定期限的。买者只是在期满时才真正取得商品的使用价值。因而他先购买商品，后对商品支付。一个商品所有者出售他现有的商品，而另一个商品所有者却只是作为货币的代表或作为未来货币的代表来购买这种商品。卖者成为债权人，买者成为债务人。由于商品的形态变化或商品的价值形式的发展在这里起了变化，货币也就取得了另一种职能。货币成了支付手段。

一定时期内的流通货币的总额如何计算呢？假定流通手段和支付手段的流通速度是已知的，这个总额就等于待实现的商品价格总额加上到期的支付总额，减去彼此抵消的支付，最后减去同一货币交替地时而充当流通手段、时而充当支付手段的流通次数。例如，一个农民卖谷物得到2镑，在这里，这2镑起着流通手段的作用。他在支付日把这2镑用来支付织布者先前交给他的麻布。这时，这2镑起着支付手段的作用。接着织布者又拿现金去买《圣经》，于是这2镑又重新充当流通手段，如此循环。因此，即使价格、货币流通速度和支付的节省程度是既定的，如一天内流通的货币量和流通的商品量也不再相符。货币在流通，而它所代表的是早已退出流通的商品。商品在流通，而它的货币等价物只有在将来才出现。另一方面，每天订立的支付和同一天到期的支付完全不是可通约的量。由于充当支付手段的货币的发展，就必须积累货币，以便到期偿还债务。随着资产阶级社会的发展，作为独立的致富形式的货币贮藏消失了，而作为支付手段准备金的形式的货币贮藏却增长了。

五、世界货币

货币一越出国内流通领域，便失去了在这一领域内获得的价格标准、铸币、辅币和价值符号等地方形式，又恢复原来的贵金属块的形式。在世界贸易中，商品普遍地展开自己的价值。因此，在这里，商品独立的价值形态，也是作为世界货币与商品相对立。只有在世界市场上，货币才充分地作为这样一种商品起作用，这种商品的自然形式同时就是抽象人类劳动的直接的社会实现形式。货币的存在方式与货币的概念相适合了。在国内流通领域内，只能有一种商品充当价值尺度，从而充当货币。在世界市场上，占统治地位的是双重价值尺度，即金和银。

世界货币执行一般支付手段的职能、一般购买手段的职能和一般财富的绝对社会化身的职能。它的最主要的职能，是作为支付手段平衡国际贸易差额。由此产生重商主义体系的口号——贸易差额！金银充当国际购买手段，主要是在各国间通常的物质变换的平衡突然遭到破坏的时候。最后，它们充当财富的绝对社会化身是在这样的场合：不是要买或是要支付，而是要把财富从一个国家转移到另一个国家，同时，商品市场的行情或者要达到的目的本身，不容许这种转移以商品形式实现。每个国家，为了国内流通，需要有准备金，为了世界市场的流通，也需要有准备金。因此，货币贮藏的职能，一部分来源于货币作为国内流通手段和国内支付手段的职能，一部分来源于货币作为世界货币的职能。在后一种职能上，始终需要实在的货币商品，真实的金和银。金银的流动是二重的。一方面，金银从产地分散到整个世界市场，在不同程度上为不同国家的流通领域所吸收，以便进入国内流通渠道，补偿磨损了的金银铸币，供给奢侈品的材料，并且凝固为贮藏货币。这种运动是以实现在商品上的一国劳动和实现在贵金属上的金银出产国的劳动之间的直接交换为媒介的。另一方面，金银又不断往返于不同国家的流通领域之间，这是一个随着汇率的不断变化而产生的运动。

第二章　货币转化为资本

商品流通是资本的起点。商品生产和发达的商品流通，即贸易，是资本产生的历史前提。世界贸易和世界市场在16世纪揭开了资本的近代生活史。如果撇开商品流通的物质内容，撇开各种使用价值的交换，只考察这一过程所造成的经济形式，我们就会发现，货币是这一过程的资本的最初的表现形式，不必回顾资本产生的历史。这个历史每天都在我们眼前重演。现在每一个新资本最初仍然是作为货币出现在舞台上，也就是出现在市场上——商品市场、劳动市场或货币市场上，经过一定的过程，这个货币就转化为资本。

第一节　商品流通与资本流通的共同点和区别

作为货币的货币和作为资本的货币的区别，首先只是在于它们具有不同的流通形式。商品流通的直接形式是W—G—W，商品转化为货币，货币再转化为商品，为买而卖。但除这一形式外，我们还看到具有不同特点的另一形式G—W—G，货币转化为商品，商品再转化为货币，为卖而买。在运动中通过后一种流通的货币转化为资本，成为资本，而且按它的使命来说，已经是资本。

首先，G—W—G和W—G—W的流通。和简单商品流通一样，它也经过两个对立阶段。在第一阶段G—W（买）上，货币转化为商品。在第二阶段W—G（卖）上，商品再转化为货币。这两个阶段的统一是一个总运动：货币和商品交换，同一商品再和货币交换，即为卖商品而买商品；如果不管买和卖的形式上的区别，那就是用货币购买商品，又用商品购买货币。整个过程的结果，是货币和货币交换，G—G。假如我用100镑买进2000磅棉花，然后又把这2000磅棉花按110镑卖出，结果我就是用100镑交换110镑，用货币交换货币。

很清楚，假如G—W—G这个流通过程只是兜个圈子，是同样大的货币价值相交换，比如说，100镑和100镑交换，那么这个流通过程就是荒唐的、毫无意义的了。货币贮藏者的办法倒是无比地简单，无比地牢靠，他把100镑贮藏起来，不让它去冒流通中的风险。另一方面，不论商人把他用100镑买来的棉花卖110镑，还是100镑，甚至只是50镑，他的货币总是经过一种独特和新奇的运动，这种运动根本不同于货币在简单商品流通中的运动，例如在农民手中的运动——出售谷物，又用卖得的货币购买衣服。因此，首先我们应该说明G—W—G和W—G—W这两种循环的形式上的区别。这样，隐藏在这种形式上的区别后面的内容上的区别同时也就暴露出来。

其次，G—W—G和W—G—W这两种循环的共同点与区别。

一是共同点：这两种循环都分成同样两个对立阶段：W—G（卖）和G—W（买）。在其中每一个阶段上，都是同样的两个物的因素即商品和货币互相对立，都是扮演同样两种经济角色的两个人即买者和卖者互相对立。这两个循环的每一个都是同样两个对立阶段的统一，这种统一在这两种情形下都是通过三个当事人的登场而实现的：一个只是卖，一个只是买，一个既买又卖。

二是区别：W—G—W和G—W—G这两个循环从一开始就不同，是由于同样两个对立的流通阶段具有相反的次序。简单商品流通以卖开始，以买结束；作为资本的货币的流通以买开始，以卖结束。作为运动的起点和终点的，在前一场合是商品，在后一场合是货币。在整个过程中起媒介作用的，在前一形式是货币，在后一形式是商品。

在W—G—W这个流通中，货币最后转化为充当使用价值的商品。于是，货币就最终花掉了。而在G—W—G这个相反的形式中，买者支出货币，却是为了作为卖者收入货币。他购买商品，把货币投入流通，是为了通过出卖这同一商品，从流通中再取回货币。他拿出货币时，就蓄意要重新得到它。因此，货币只是被预付出去。

在W—G—W形式中，同一块货币两次变换位置。卖者从买者那里得到货币，又把它付给另一个卖者。整个过程以交出商品收入货币开始，以交出货币得到商品告终。在G—W—G形式中，情形则相反。在这里，两次变换位置的，不是同一块货币，而是同一件商品。买者从卖者手里得到商品，又把商品交到另一个买者手里。在简单商品流通中，同一块货币的两次变换位置，使货币从一个人手里最终转到另一个人手里；而在这里，同一件商品的两次变换位置，则使货币又流回到它最初的起点。

货币流回到它的起点同商品是否低价买高价卖没有关系。后者只影响流回的货币额的大小。只要买进的商品再被卖掉，就是说，只要G—W—G的循环全部完成，就发生了货币流回的现象。可见，作为资本的货币的流通和单纯作为货币的货币的流通之间，存在着可以感觉到的区别。这就是说，从职业贸易出现开始，货币就开始转化为资本了。在W—G—W循环中，始极是一种商品，终极是另一种商品，后者退出流通，转入消费。因此，这一循环的最终目的是消费，是满足需要，总之，是使用价值。相反，G—W—G循环是从货币一极出发，最后又同一极。因此，这一循环的动机和决定目的是交换价值本身。

在简单商品流通中，两极具有同样的经济形式。二者都是商品，而且是价值量相等的商品。但它们是不同质的使用价值，如谷物和衣服。在这里，产品交换，体现着社会劳动的不同物质的交换，是运动的内容。G—W—G这个流通则不同。乍一看来，它似乎是无内容的，因为是同义反复。两极具有同样的经济形式。二者都是货币，从而不是不同质的使用价值，因为货币正是商品的转化形式，在这个形式中，商品的一切特殊使用价值都已消失。先用100镑交换成棉花，然后又用这些棉花交换成100镑，就是说，货币兜了一个圈子又交换成货币，同样的东西又交换成同样的东西。这似乎是一种既无目的又很荒唐的活动。一个货币额和另一个货币额只能有量的区别。因此，G—W—G过程所以有内容，不是因为两极有质的区别(二者都是货币)，而只是因为它们有量的不同。最后从流通中取出的货币，多于起初投入的货币。例如，用100镑买的棉花卖100镑+10镑，即110镑。因此，这个过程的完整形式是G—W—G'。其中的G' = G + △G，即等于原预付货币额加上一个增殖额。我把这个增殖额或超过原价值的余额叫做剩余价值。剩余价值并不总是与剥削联系在一起。

可见，原预付价值不仅在流通中保存下来，而且在流通中改变了自己的价值量，加上了一个剩余价值，或者说增殖了。正是这种运动使价值转化为资本。为卖而买，或者说得完整些，为了贵卖而买，即G—W—G'，似乎只是一种资本即商人资本所特有的形式。但产业资本也是这样一种货币，它转化为商品，然后通过商品的出售再转化为更多的货币。在买和卖的间歇，即在流通领域以外发生的行为，丝毫不会改变这种运动形式。最后，在生息资本的场合，G—W—G'的流通简化地表现为没有中介的结果，表现为一种简练的形式，G—G'，表现为等于更多货币的货币，比本身价值更大的价值。因此，G—W—G'事实上是直接在流通领域内表现出来的资本的总公式。商品流通的这个最后产物就是资本的最初的表现形式。

第二节　劳动力的买和卖

劳动力或劳动能力，就是人的身体即活的人体中存在的、每当人生产某种使用价值时就运用的体力和智力的总和。

要转化为资本的货币的价值变化，不可能发生在这个货币本身上，因为货币作为购买手段和支付手段，只是实现它所购买或所支付的商品的价格，而它如果停滞在自己原来的形式上，它就凝固为价值量不变的化石了。同样，在流通的第二个行为即商品的再度出卖上，也不可能发生这种变化，因为这一行为只是使商品从自然形式再转化为货币形式。因此，这种变化必定发生在第一个行为G—W中所购买的商品上，但不是发生在这种商品的价值上，因为互相交换的是等价物，商品是按它的价值支付的。因此，这种变化只能从这种商品的使用价值本身，即从这种商品的使用上产生。要从商品的使用上取得价值，我们的货币所有者就必须幸运地在流通领域内即在市场上发现这样一种商品，它的使用价值本身具有成为价值源泉的特殊属性。因此，它的实际使用本身就是劳动的物化，也是价值的创造。货币所有者在市场上找到了这种特殊商品，这就是劳动能力或劳动力。

劳动力成为商品是历史发展的产物，需要具备两个基本条件：一是劳动者具有人身自由，有权支配自己的劳动力，自由出卖自己的劳动力；二是劳动者一无所有，两手空空，除了自身的劳动力以外，再也没有其他的可供出卖的商品。正如马克思所言，“劳动力所有者没有可能出卖有自己的劳动物化在内的商品，而不得不把只存在于他的活的身体中的劳动力本身当作商品出卖。”

第三章　绝对剩余价值的生产

第一节　劳动过程和价值增值过程

在资本主义生产过程中，劳动过程不过表现为手段，价值增殖过程或剩余价值的生产过程才是目的。

一、劳动过程

劳动力的使用就是劳动本身。劳动力的买者消费劳动力，就是叫劳动力的卖者劳动。劳动力的卖者也就由此在实际上成为按劳动力的买者的意愿发挥作用的劳动力，成为工人，而在此以前，他只不过在可能性上是工人，是没有身份的人。为了把自己的劳动表现在商品中，他必须首先把它表现在使用价值中，表现在能满足某种需要的物中。因此，资本家要工人制造的是某种特殊的使用价值，是一定的物品。虽然使用价值或财物的生产是为了资本家，并且是在资本家的监督下进行的，但是这并不改变这种生产的一般性质。所以，劳动过程首先要撇开各种特定的社会形式来加以考察。劳动首先是人和自然之间的过程，是人以自身的活动来引起、调整和控制人和自然之间的物质变换的过程。人自身作为一种自然力与自然物质相对立。

劳动过程的简单要素包括：有目的的活动或劳动本身，劳动对象和劳动资料。

首先，在人的有目的的活动或劳动中，劳动就是劳动力的使用。它是人通过自己的活动来引起调整和控制人和自然之间的物质交换的过程。人在劳动过程中，一方面改造自然界，另一方面改造人类自己。人的劳动是一种有目的、有计划的活动，与动物的求生本能有着根本的区别。

其次，劳动对象是作为人类劳动的一般对象而存在的。劳动对象是劳动过程中不可或缺的因素，它有两种情况：一是天然存在的劳动对象。例如：从鱼的生活要素即水中，分离出来的即捕获的鱼；在原始森林中砍伐的树木，从地下矿藏中开采的矿石。二是劳动滤过的劳动对象，即原料。例如，已经开采出来正在洗的矿石。一切原料都是劳动对象，但并非任何劳动对象都是原料。劳动对象只有在它已经通过劳动而发生变化的情况下，才是原料。

最后，劳动资料是劳动者置于自己和劳动对象之间，用来把自己的活动传导到劳动对象上去的物或物的综合体。劳动者利用物的机械的、物理的和化学的属性，以便把这些物当作发挥力量的手段，依照自己的目的作用于其他的物。劳动者直接掌握的东西，不是劳动对象，而是劳动资料（这里不谈采集果实之类的现成的生活资料，在这种场合，劳动者身上的器官是唯一的劳动资料）。各种经济时代的区别，不在于生产什么，而在于怎样生产，用什么劳动资料生产。劳动资料不仅是人类劳动力发展的测量器，而且是劳动借以进行的社会关系的指示器。

广义地说，除了那些把劳动的作用传达到劳动对象，因而以这种或那种方式充当活动的传导体的物以外，劳动过程的进行所需要的一切物质条件，都算作劳动过程的资料。它们不直接加入劳动过程，但是没有它们，劳动过程就不能进行，或者只能不完全地进行。土地本身又是这类一般的劳动资料，因为它给劳动者提供立足之地，给他的过程提供活动场所。这类劳动资料中有的已经经过劳动的改造，如厂房、运河、道路等。如果整个过程从其结果的角度和产品的角度加以考察，那么劳动资料和劳动对象表现为生产资料，劳动本身则表现为生产劳动。当一个使用价值作为产品退出劳动过程的时候，另一些使用价值，以前的劳动过程的产品，则作为生产资料进入劳动过程。同一个使用价值，既是这种劳动的产品，又是那种劳动的生产资料。所以，产品不仅是劳动过程的结果，同时还是劳动过程的条件。

劳动过程，就它是资本家消费劳动力的过程来说，显示出两个特殊现象。一是工人在资本家的监督下劳动，他的劳动属于资本家。资本家进行监视，使劳动正常进行，使生产资料用得合乎目的，即原料不浪费，劳动工具受到爱惜，也就是使劳动工具的损坏只限于劳动使用上必要的程度。二是产品是资本家的所有物，而不是直接生产者工人的所有物。如果资本家支付劳动力一天的价值，那么，在这一天内，劳动力就像出租一天的任何其他商品（例如一匹马）一样，归资本家使用。商品由它的买者使用；劳动力的所有者提供他的劳动，实际上只是提供他已卖出的使用价值。

二、价值增值过程

首先，资本家生产的目的在于生产剩余价值。资本家所关心的是下述两点：一是他要生产具有交换价值的使用价值，要生产用来出售的物品，商品。二是他要使生产出来的商品的价值，大于生产该商品所需要的各种商品即生产资料和劳动力——为了购买它们，他已在商品市场上预付了真正的货币的价值总和。他不仅要生产使用价值，而且要生产商品；不仅要生产使用价值，而且要生产价值；不仅要生产价值，而且要生产剩余价值。我们可以把生产过程作为价值形成过程来考察。

其次，商品生产的价值形成过程。每个商品的价值都是由物化在它的使用价值中的劳动量决定的，是由生产该商品的社会必要劳动时间决定的。这一点也适用于作为劳动过程的结果而归我们的资本家所有的产品。因此，首先必须计算物化在这个产品中的劳动。我们以棉纱生产为例。生产棉纱，首先要有原料，例如，10磅棉花，而棉花的价值是多少，在这里先用不着探究，因为资本家已经在市场上按照棉花的价值（例如10先令）把它购买了。这样一来，在棉花的价格中，生产棉花所需要的劳动已经表现为一般社会劳动。我们再假定，棉花加工时消耗的纱锭量代表纺纱用掉的一切其他劳动资料，价值为2先令。如果12先令的金额是24个劳动小时或2个工作日的产物，那么首先可以得出，2个工作日物化在棉纱中。生产棉花所需要的劳动时间，是生产以棉花为原料的棉纱所需要的劳动时间的一部分，因而包含在棉纱中。生产纱锭所需要的劳动时间也是如此，因为没有纱锭的磨损或消费，棉花就不能纺成纱。因此，棉纱的价值先是由生产资料的价值转移过来的。但是这里必须具备两个条件。一是棉花和纱锭必须实际上用来生产使用价值。在我们所举的例子中，就是必须从棉花和纱锭生产出棉纱。对于价值说来，它由什么样的使用价值来承担都是一样的，但是它必须由一种使用价值来承担。二是要假定所用的劳动时间只是一定社会生产条件下的必要劳动时间。如果纺1磅纱只需要1磅棉花，那么，纺1磅纱就只应当消耗1磅棉花，纱锭也是这样。所以说，在价值形成过程中，一方面生产资料为活劳动所捕捉，转移了自身的价值，另一方面活的劳动物化在生产资料当中，创造了新价值，两者相互结合在一起共同形成了产品的总价值。

如果我们把价值形成过程和劳动过程比较一下，就会知道，构成劳动过程的是生产使用价值的有用劳动。在这里，运动只是从质的方面来考察，从它的特殊的方式和方法，从目的和内容方面来考察。在价值形成过程中，同一劳动过程只是表现出它的量的方面。所涉及的只是劳动操作所需要的时间，或者说，只是劳动力被有用地消耗的时间长度。在这里，进入劳动过程的商品，已经不再作为在劳动力有目的地发挥作用时执行一定职能的物质因素了。它们只是作为一定量的物化劳动来计算。无论是包含在生产资料中的劳动，或者是由劳动力加进去的劳动，都只按时间尺度计算。它等于若干小时、若干日等。

再次，价值的增殖过程。如果活劳动创造的新价值只等于劳动力的价值，则永远也不能产生剩余价值。那么，价值增殖的秘密究竟在哪里呢？我们可以更深入地探研一下，假设劳动力的日价值是3先令，因为在劳动力本身中物化着半个工作日，就是说，因为每天生产劳动力所必需的生活资料要费半个工作日。但是，包含在劳动力中的过去劳动和劳动力所能提供的活劳动，劳动力一天的维持费和劳动力一天的耗费，是两个完全不同的量。

前者决定它的交换价值，后者构成它的使用价值。维持一个工人24小时的生活只需要半个工作日，这种情况并不妨碍工人劳动一整天。因此，劳动力的价值和劳动力在劳动过程中的价值增殖，是两个不同的量。资本家购买劳动力时，正是看中了这个价值差额。货币所有者支付了劳动力的日价值，因此，劳动力一天的使用即一天的劳动就归他所有。劳动力维持一天只费半个工作日，而劳动力却能劳动一整天，因此，劳动力使用一天所创造的价值比劳动力自身一天的价值大一倍。劳动力一天的劳动能够为资本家带来3先令的剩余价值，这样货币就变成了资本。如果我们现在把价值形成过程和价值增殖过程比较一下，就会知道，价值增殖过程不外是超过一定点——盈亏平衡点——而延长了的价值形成过程。如果价值形成过程只持续到这样一点，即资本所支付的劳动力价值恰好为新的等价物所补偿，那就是单纯的价值形成过程。如果价值形成过程超过这一点，那就成为价值增值过程。

总之，资本主义生产过程是劳动过程和价值增殖过程的统一。作为劳动过程和价值形成过程的统一，生产过程是商品生产过程；作为劳动过程和价值增殖过程的统一，生产过程是资本主义生产过程，是商品生产的资本主义形式。对于价值的增殖过程来说，资本家占有的劳动是简单的、社会平均劳动，还是较复杂的、比重较高的劳动，是毫无关系的。比社会平均劳动较高级较复杂的劳动，是这样一种劳动力的表现，这种劳动力比普通劳动力需要较高的教育费用，它的生产要花费较多的劳动时间，因此它具有较高的价值。既然这种劳动力的价值较高，它也就表现为较高级的劳动，也就在同样长的时间内物化为较多的价值。

第二节　不变资本与可变资本

马克思指出，在资本家全部资本中，只有用于购买劳动力的这部分资本，也就是可变资本才会使生产过程增殖价值，并带来剩余价值，而不变资本只是生产剩余价值的必要条件而已。

一、劳动的二重性对价值形成的双重作用

工人把一定量的劳动——撇开他的劳动所具有的特定的内容、目的和技术性质——加到劳动对象上，也就把新价值加到劳动对象上。另一方面我们发现，被消耗的生产资料的价值又成了产品价值的组成部分，例如，棉花和纱锭的价值包含在棉纱的价值中。可见，生产资料的价值由于转移到产品上而被保存下来。这种转移是在生产资料转化为产品时发生的，是在劳动过程中发生的。它是通过劳动实现的。然而是怎样实现的呢？

工人并不是在同一时间内劳动两次：一次由自己的劳动把价值加到棉花上；另一次保存棉花的旧价值，或者说，把他所加工的棉花和使用的纱锭的价值转移到产品棉纱上。他只是由于加进

新价值而保存了旧价值。但是，把新价值加到劳动对象上和把旧价值保存在产品中，是工人在同一时间内达到的两种完全不同的结果（虽然工人在同一时间内只劳动一次），因此很明显，这种结果的二重性只能用他的劳动本身的二重性来解释。在同一时间内，劳动就一种属性来说必然创造价值，就另一种属性来说必然保存或转移价值。

每个工人怎样加进劳动时间，从而加进价值呢？始终只能通过他特有的生产劳动方式。纺纱工人只有通过纺纱，织布工人只有通过织布，铁匠只有通过打铁，才能加进劳动时间。而通过他们借以加进一般劳动、从而加进新价值的有目的的形式，通过纺纱、织布、打铁，生产资料棉花和纱锭，棉纱和织机，铁和铁砧也就成了产品即新的使用价值的形成要素。生产资料的使用价值的旧形式消失了，但只是为了以新的使用价值形式出现。纺纱工人的劳动，就它的抽象的一般的属性来说，作为人类劳动力的耗费，把新价值加到棉花和纱锭的价值上；而就它的具体的特殊的有用的属性来说，作为纺纱的过程，把这些生产资料的价值转移到产品上，从而把这些价值保存在产品中。由此就产生了劳动在同一时间内所得出的结果的二重性。抽象劳动创造价值，具体劳动保存和转移价值。新价值的加进，是由于劳动的单纯的量的追加；生产资料的旧价值在产品中的保存，是由于所追加的劳动的质。同一劳动由于它的二重性造成的这种二重作用，清楚地表现在种种不同的现象上。

二、生产资料和劳动力在价值形成过程中的不同作用

生产资料在丧失自己的使用价值的同时并不丧失价值，因为它们通过劳动过程失掉自己原来的使用价值形态，实际上只是为了在产品上获得另一种使用价值形态。虽然价值存在于某种使用价值中是很重要的，但是商品的形态变化表明，它存在于哪一种使用价值中是没有关系的。由此可见，在劳动过程中，只有生产资料失掉它的独立的使用价值同时也失掉它的交换价值，价值才从生产资料转移到产品上。生产资料转给产品的价值只是它作为生产资料而失掉的价值。但是在这方面，劳动过程的各种物质因素的情况是不同的。生产资料转给产品的价值决不会大于它在劳动过程中因本身的使用价值的消灭而丧失的价值。如果生产资料没有价值可以丧失，就是说，如果它本身不是人类劳动的产品，那么，它就不会把任何价值转给产品。它的作用只是形成使用价值，而不形成交换价值。

生产资料只有在劳动过程中丧失掉存在于旧的使用价值形态中的价值，才把价值转移到新形态的产品上。它们在劳动过程中所能丧失的最大限度的价值量，显然是以它们进入劳动过程时原有的价值量为限，或者说，是以生产它们自身所必要的劳动时

间为限。因此，生产资料加到产品上的价值决不可能大于它们在自己参加的劳动过程之外所具有的价值。不管一种劳动材料，一种机器，一种生产资料怎样有用，如果它值150镑，值500个工作日，那么它加到用它制造的总产品上去的价值就决不会大于150镑。它的价值不是由它作为生产资料进入的劳动过程决定的，而是由它作为产品被生产出来的劳动过程决定的。它在劳动过程中只是作为使用价值，作为具有有用属性的物起作用的，因此，如果它在进入劳动过程之前没有价值，它就不会把任何价值转给产品。

劳动过程的主观因素，即发挥作用的劳动力，却不是这样。当劳动通过它的有目的的形式把生产资料的价值转移到产品上并保存下来的时候，它运动的每时每刻都形成追加的价值，形成新价值。假设生产过程在工人生产出他自己的劳动力价值的等价物以后就停下来，例如，他劳动6小时加进3先令价值。这个价值是产品价值超过其中由生产资料价值构成的部分而形成的余额。它是在这个过程中产生的唯一的新价值，是产品中由这个过程本身生产的唯一的价值部分。当然，它只是补偿资本家在购买劳动力时预付的，工人自身在生活资料上花费的货币。就已花费的3先令来说，这3先令的新价值只是表现为再生产。但它是真正的再生产，不像生产资料的价值只是表面上的再生产。在这里，一个价值用另一个价值来补偿是通过创造新价值来实现的。我们叙述了劳动过程的不同因素在产品价值的形成中所起的不同作用，事实上也就说明了资本的不同组成部分在资本本身的价值增殖过程中所执行的不同职能。产品的总价值超过产品的形成要素的价值总额而形成的余额，就是价值已经增值的资本超过原预付资本价值而形成的余额。一方面是生产资料，另一方面是劳动力。它们不过是原有资本价值在抛弃货币形式而转化为劳动过程的因素时所采取的不同的存在形式。

三、不变资本与可变资本

马克思将变为生产资料即原料、辅助材料、劳动资料的那部分资本，在生产过程中并不改变自己的价值量称为不变资本部分，或简称为不变资本。相反，变为劳动力的那部分资本，在生产过程中改变自己的价值。它再生产自身的等价物和一个超过这个等价物而形成的余额，剩余价值。这个剩余价值本身是可以变化的，是可大可小的。这部分资本从不变量不断变为可变量。因此，我把它称为可变资本部分，或简称为可变资本。资本的这两个组成部分，从劳动过程的角度看，是作为客观因素和主观因素，作为生产资料和劳动力相区别的；从价值增殖过程的角度看，则是作为不变资本和可变资本相区别的。

生产资料的价值变动，虽然使已经进入生产过程的生产资料受到影响，但不会改变生产资料作为不变资本的性质。同样，不变资本和可变资本之间的比例的变化也不会影响它们在职能上的区别。例如，劳动过程的技术条件革新后，过去10个工人用10件价值很小的工具只能加工比较少量的原料，现在1个工人用1台昂贵的机器就能加工一百倍的原料。在这种情况下，虽然不变资本即被使用的生产资料的价值量大大增加了，而资本的可变部分即预付劳动力的部分却大大减少了。但是，这种变动只改变了不变资本和可变资本的量的关系，或者说，只改变了总资本分为不变部分和可变部分的比例，而不影响不变资本和可变资本的区别。

第三节　剩余价值率

前面关于劳动过程和价值增殖过程，不变资本和可变资本是从质的方面研究了剩余价值，科学揭示了资本的本质和起源，对于剩余价值的论述则是从量的方面诠释资本对劳动力的剥削程度和表现方法。

一、劳动力的剥削程度

预付资本C在生产过程中生出的剩余价值，或预付资本价值C的价值增殖额，首先表现为产品价值超过它的各种生产要素的价值总和而形成的余额。资本C分为两部分，一部分是为购买生产资料而支出的货币额c，另一部分是为购买劳动力而支出的货币额

v；c代表转化为不变资本的价值部分，v代表转化为可变资本的价值部分。因此，最初是C=c+v，例如，预付资本500镑=410镑c+90镑v。在生产过程结束时得到商品，它的价值=c+v+m(m是剩余价值)，例如，410镑c+90镑v+90镑m。原来的资本C变为C'，由500镑变为590镑。二者的差额=m，即90镑剩余价值。因为各种生产要素的价值等于预付资本的价值，所以，说产品价值超过它的各种生产要素的价值而形成的余额，等于预付资本的价值增值额，或等于生产出来的剩余价值，实际上是同义反复。

剩余价值率是剩余价值同可变资本的比率，用“剩余价值/可变资本”来表示，或者用“剩余劳动/必要劳动”来表示。我们先假定不变资本部分等于零。于是，预付资本就从c+v简化为v，产品价值c+v+m就简化为价值产品v+m。假定价值产品=180镑，代表整个生产过程期间流动的劳动，那我们从中扣除90镑可变资本的价值，就可得到90镑剩余价值。90镑(m)这个数字在这里表示所生产的剩余价值的绝对量。剩余价值的相对量，即可变资本价值增值的比率，显然由剩余价值同可变资本的比率来决定，或者用m/v来表示。在上述例子中，它是90/90=100%。我把可变资本的这种相对的价值增值或剩余价值的相对量，称为剩余价值率。

因为可变资本的价值等于它所购买的劳动力的价值，因为这个劳动力的价值决定工作日的必要部分，而剩余价值又由工作日的剩余部分决定，所以从这里可以得出结论：剩余价值和可变资本之比等于剩余劳动和必要劳动之比，或者说，剩余价值率m/v=剩余劳动/必要劳动。这两个比率把同一种关系表示在不同的形式上：一种是物化劳动的形式；另一种是流动劳动的形式。因此，剩余价值率是劳动力受资本剥削的程度或工人受资本家剥削的程度的准确表现。计算剩余价值率的方法可以简述如下：我们把全部产品价值拿来，使其中只是再现的不变资本价值等于零。余下的价值额就是在商品形成过程中实际生产出来的唯一的价值产品。如果剩余价值已定，我们从这个价值产品中减去剩余价值，就可得出可变资本。如果可变资本已定，我们从这个价值产品中减去可变资本，就可得出剩余价值。

二、产品价值在产品相应部分上的表现

马克思认为产品价值包含三个要素：c、v、m。比如，20斤棉纱的价值是30元，等于24元的c加3元的v，再加3元的m。c是旧价值的转移，v和m都是新创造的价值。用方程式表示20斤棉纱的价值构成是：棉纱价值30元=24元c+3元v+3元m。如果把产品——生产过程的结果——分成几个量。一个量只代表生产资料中包含的劳动，或不变资本部分。另一个量只代表生产过程中加进的必要劳动，或可变资本部分。最后一个量的产品只代表同一过程中加进的剩余劳动，或剩余价值。这种划分很简单，但又很重要，这一点在以后把它应用到复杂的尚未解决的问题上时就可以看出。

纺纱工人12小时生产20磅棉纱，因此1小时生产 $1\frac{2}{3}$ 磅，8小时生产 $13\frac{1}{3}$ 磅，也就是生产一个部分产品，其价值等于整个工作日纺掉的棉花的总价值。同样，往后的1小时36分生产的部分产品= $2\frac{2}{3}$ 磅棉纱，因而代表12个劳动小时所用掉的劳动资料的价值。再往后的1小时12分，纺纱工人生产2磅棉纱=3先令，这部分产品价值等于他在6小时必要劳动中所创造的全部价值产品。最后的1小时12分，他又生产2磅棉纱，其价值等于他半天剩余劳动所生产的剩余价值。

三、西尼尔的“最后一小时”

马克思对英国牛津大学经济学教授西尼尔提出资本家的利润是在工人劳动11.5小时中的最后1小时产生的，进行了科学和彻底的批判。马克思指出西尼尔的错误实质在于：一是他把生产中旧价值的转移过程和新价值的创造混为一谈，把使用价值的生产和价值的创造、把产品的表现方式和产品价值的生产混为一谈了。他认为只要把劳动时间缩短1小时，纯利润就会消失。二是他把商品出售分为两部分，认为首先卖出的部分是预付资本，最后卖出的才是利润，从而掩盖了每一件商品中都包含着利润的事实。

四、剩余产品

我们把代表剩余价值的那部分产品称为剩余产品。决定剩余价值率的，不是剩余价值同资本总额的比率，而是剩余价值同资本的可变部分的比率.同样，决定剩余产品水平的，也不是剩余产品同总产品的其余部分的比率，而是剩余产品同代表必要劳动的那部分产品的比率。剩余价值的生产是资本主义生产的决定性的目的。同样，富的程度不是由产品的绝对量来计量，而是由剩余产品的相对量来计量的。必要劳动和剩余劳动之和，工人生产他的劳动力的补偿价值和生产剩余价值的时间之和，构成了劳动时间的绝对量——工作日。

第四节　剩余价值量

剩余价值量对剩余价值总量是由什么决定的进行了研究，并指出了资本对劳动的强制关系。在假定劳动力价值不变的情况下，知道剩余价值率，同时也就知道一个工人在一定的时间内为资本家提供的剩余价值量。例如，假设必要劳动每天是6小时，表现为金额3先令或1塔勒，那么，1塔勒就是一个劳动力的日价值，或者说，是购买一个劳动力所预付的资本价值。再假设剩余价值率是100%，那么，这1塔勒的可变资本就生产1塔勒的剩余价值量，或者说，工人每天提供6小时的剩余劳动量。

但是，可变资本是资本家同时使用的全部劳动力的总价值的货币表现。因此，可变资本的价值，等于一个劳动力的平均价值乘以所使用的劳动力的数目。因此，在已知劳动力价值的情况下，可变资本的量与同时雇用的工人人数成正比。如果一个劳动力的日价值＝1塔勒，那么，每天要剥削100个劳动力，就必须预付100塔勒的资本，要剥削n个劳动力，就必须预付n塔勒的资本。马克思深刻阐述了决定剩余价值量的三个规律。

第一个规律：剩余价值量是由可变资本和剩余价值率决定的。即由劳动力价值大小、雇工人数和剩余价值率这三个因素决定的。用方程式表示如下：如果我们用M表示剩余价值量，用m表示一个工人每天平均提供的剩余价值，用v表示购买一个劳动力每天预付的可变资本，用V表示可变资本的总数，用k表示一个平均劳动力的价值，用a'/a（剩余劳动/必要劳动）表示一个平均劳动力受剥削的程度，用n表示所使用的工人人数，我们就得出：$M=(m/v)V$或$M=k(a'/a)n$。这里继续假定，不仅一个平均劳动力的价值不变，而且一个资本家所使用的工人已经化为平均的工人。也有例外的情况，就是所生产的剩余价值并不与受剥削的工人人数按比例增长，但这时劳动力的价值也就不是不变的了。

第二个规律：依靠提高剩余价值率来增加剩余价值量有一个绝对界限。靠提高剩余价值率或延长工作日来补偿工人人数或可变资本量的减少，是有不能超越的界限的。无论劳动力的价值如何，无论维持工人的必要劳动时间是2小时还是10小时，一个工人每天所能生产的总价值，总是小于24个劳动小时所物化的价值，如果这24个物化劳动小时的货币表现是12先令或4塔勒，那就总是小于12先令或4塔勒。平均工作日（它天然总是小于24小时）的绝对界限，就是可变资本的减少可以由剩余价值率的提高来补偿的绝对界限，或者说，就是受剥削的工人人数的减少可以由劳动力受剥削的程度的提高来补偿的绝对界限。

第三个规律：在剩余价值率、劳动力价值已定的情况下，剩余价值量与可变资本成正比。这一规律是从所生产的剩余价值量取决于剩余价值率和预付的可变资本量这两个因素而得出来的。如果剩余价值率或劳动力受剥削的程度已定，劳动力价值或必要劳动时间量已定，那么不言而喻，可变资本越大，所生产的价值量和剩余价值量也就越大。如果工作日的界限及其必要部分的界限已定，那么，一个资本家所生产的价值量和剩余价值量，显然就只取决于他所推动的劳动量。但根据以上假设，他所推动的劳动量取决于他所剥削的劳动力的数量，或他所剥削的工人人数，而工人的人数又是由他所预付的可变资本量决定的。可见，在剩余价值率和劳动力价值已定的情况下，所生产的剩余价值量同预付的可变资本量成正比。

第四章　相对剩余价值的生产

围绕资本家如何剥削工人的问题，马克思进行了深入的探讨。在前面的研究中，他假定劳动生产率不变，以必要劳动时间作为不变量，在此以假定工作日的长度不变为前提，通过劳动生产力的提高，从而缩短必要劳动时间以获得对剩余劳动和剩余价值的剥削。

第一节　相对剩余价值的概念

这部分集中阐明了相对剩余价值概念及其生产过程和手段。马克思认为，工作日的一部分只是生产出资本所支付的劳动力价值的等价物。到现在为止，工作日的这一部分被看作不变量，而在一定的生产条件下，在社会现有的经济发展阶段中，它实际上也是这样的。在这个必要劳动时间之外，工人还能劳动2小时、3

小时、4小时、6小时等。剩余价值率和工作日的长度就取决于这个延长的量。如果说必要劳动时间是不变的，那么相反，整个工作日是可变的。现在假定有一个工作日，它的总长度以及它的必要劳动和剩余劳动的划分是已定的。例如ac线a—b—c代表一个12小时工作日，ab段代表10小时必要劳动，bc段代表2小时剩余劳动。现在，如果没有ac的进一步延长，或者说不依靠ac的进一步延长，怎样才能增加剩余价值的生产呢？也就是说，怎样才能延长剩余劳动呢？

尽管工作日的界限ac已定，看来bc仍然可以延长，不过不是越过它的终点c（同时也是工作日ac的终点）延长，而是由它的起点b以相反的方向向a端推移而延长。假定在a—b'—b—c中，b'—b等于bc的一半，或一个劳动小时。假定在一个12小时工作日ac中，b移到b'，bc就延长到b'c，剩余劳动就增加了一半，从2小时增加到3小时，虽然工作日仍旧是12小时。但是很明显，如果必要劳动不同时从ab缩短到ab'，从10小时缩短到9小时，要使剩余劳动这样从bc延长到b'c，从2小时延长到3小时是不可能的。必要劳动的缩短要与剩余劳动的延长相适应，或者说，工人实际上一直为自己耗费的劳动时间的一部分，要变成为资本家耗费的劳动时间。这里，改变的不是工作日的长度，而是工作日中必要劳动和剩余劳动的划分。

另一方面，知道工作日的量和劳动力的价值，显然也就知道剩余劳动量本身。劳动力的价值，即生产劳动力所需要的劳动时间，决定再生产劳动力价值所必要的劳动时间。在这里，剩余劳动的延长，只是由于打破剩余劳动的正常界限，剩余劳动的范围的扩大，只是由于侵占了必要劳动时间的范围。虽然这种方法在工资的实际运动中起着重要的作用，但是在这里它应该被排除，因为我们假定，一切商品，包括劳动力在内，都是按其十足的价值买卖的。这是一个理论分析所必须的假定，但并不意味着可以原谅资本家对工人利益的这种侵犯。既然作了这样的假定，那么劳动力的生产或劳动力价值的再生产所必要的劳动时间，就不能因为工人的工资低于他的劳动力的价值而减少，而只有当这个价值本身降低时才减少。在工作日长度已定的情况下，剩余劳动的延长必然是由于必要劳动时间的缩短，而不是相反，必要劳动时间的缩短是由于剩余劳动的延长。

劳动生产力的提高，在这里一般是指劳动过程中的这样一种变化，这种变化能缩短生产某种商品的社会必需劳动时间，从而使较小量的劳动获得生产较大量使用价值的能力。在研究我们上面考察的那种形式的剩余价值的生产时，我们曾假定生产方式是既定的。而现在，对于由必要劳动变成剩余劳动而生产剩余价值来说，资本只是占有历史上遗留下来的，或者说现存形态的劳动过程，并且只延长它的持续时间，就绝对不够了。必须变革劳动过程的技术条件和社会条件，从而变革生产方式本身，以提高劳动生产力。通过提高劳动生产力来降低劳动力的价值，从而缩短再生产劳动力价值所必要的工作日部分。马克思把通过延长工作日而生产的剩余价值，叫做绝对剩余价值；相反把通过缩短必要劳动时间、相应地改变工作日的两个组成部分的量的比例而生产的剩余价值，叫做相对剩余价值。

一、相对剩余价值的形成过程

要降低劳动力的价值，就必须提高这样一些产业部门的生产力，这些部门的产品决定劳动力的价值，就是说，它们或者属于日常生活资料的范围，或者能够代替这些生活资料。但是，商品的价值不仅取决于使商品取得最终形式的那种劳动的量，而且还取决于该商品的生产资料所包含的劳动量。例如，皮靴的价值不仅取决于鞋匠的劳动，而且还取决于皮革、蜡、线等的价值。因此，那些为生产必要生活资料提供不变资本物质要素（劳动资料和劳动材料）的产业部门中生产力的提高，以及它们的商品相应的便宜，也会降低劳动力的价值。相反，那些既不提供必要生活资料、也不为制造必要生活资料提供生产资料的生产部门中生产力的提高，并不会影响劳动力的价值。

便宜的商品当然只是相应地，即只是按照该商品在劳动力的再生产中所占的比例，降低劳动力的价值。例如，衬衫是一种必要生活资料，但只是许多种必要生活资料中的一种。这种商品变得便宜只会减少工人购买衬衫的支出。但是必要生活资料的总和是由各种商品、各个特殊产业部门的产品构成的，其中每种商品的价值总是劳动力价值的相应部分。劳动力价值随着劳动力再生产所必要的劳动时间的减少而降低，这种劳动时间的全部减少等于所有这些特殊生产部门劳动时间减少的总和。在这里我们把这个总结果看成好像是每个个别场合的直接结果和直接目的。例如，当一个资本家提高劳动生产力来使衬衫便宜的时候，他决不是必然抱有相应地降低劳动力的价值，从而减少必要劳动时间的目的；但是只要他最终促成这个结果，他也就促成一般剩余价值率的提高。又是一只“看不见的手”。生产的商品变得便宜了，但资本家(阶级)得到的一般剩余价值率却提高了。显然，在其他条件不变的情况下，所谓的通货紧缩是必然的趋势。必须把资本的一般的、必然的趋势同这种趋势的表现形式区别开来。

二、超额剩余价值的形成过程

资本家提高劳动生产率的目的，是为了获取超额剩余价值。超额剩余价值是商品的个别价值低于社会价值的差额。当劳动生产率高的企业将其低于社会价值的商品按社会价值出售以后，不但获得了剩余价值，而且也会获得超额剩余价值。

项目	产品（件）				价值（元）					劳动时间（小时）		
	合计	c	v	m	社会价值	合计	新创造价值		转移价值	合计	V	M
							v	m	c			
部门平均生产水平	12	6	3	3	1	12	3	3	6	12	9	3
部门中已提高劳动生产率的企业	24	12	3	9	1	24	3	9	12	12	3	9

从上表可以看到：个别已提高劳动生产率企业的资本家，其12小时内生产9件商品，获得剩余价值是9元，比部门平均水平企业的3元剩余价值多6元，这就是超额剩余价值。这也是资本家提高劳动生产率的动机所在。一个十二小时工作日的产品价值是20先令，其中12先令属于只是再现的生产资料的价值。因此，剩下的8先令是体现一个工作日的价值的货币表现。这个货币表现比同类社会平均劳动的货币表现要多，因为12小时的同类社会平均劳动只表现为6先令。其产品价值按原来每件商品1先令计算是12先令，而按新价格每件10便士计算是10先令。生产力特别高的劳动起了自乘的劳动的作用，或者说，在同样的时间内，它所创造的价值比同种社会平均劳动要多。

但是，我们在下面可以看到，一旦这种较高的生产力成为社会平均水平的生产力，这种自乘作用所导致的超额剩余价值就会消失，从而资本还是不能创造价值。但是我们的资本家仍然和从前一样，只用5先令支付劳动力的日价值。因此工人现在要再生产这个价值，用不着象过去那样需要10小时，只要7.5小时就够了。这样，他的剩余劳动就增加了2. 5小时，他生产的剩余价值就从1先令增加到3先令。可见，采用改良的生产方式的资本家比同行业的其余资本家，可以在一个工作日中占有更大的部分作为剩余劳动。他个别地所做的，就是资本全体在生产相对剩余价值时所做的。但是另一方面，当新的生产方式被普遍采用，因而比较便宜地生产出来的商品的个别价值和它的社会价值之间的差额消失的时候，这个超额剩余价值也就消失。价值由劳动时间决定的规律，既会使采用新方法的资本家感觉到，他必须低于商品的社会价值来出售自己的商品，又会作为竞争的强制规律，迫使他的竞争者也采用新的生产方式。若按新价格计算，使用旧方法的资本家将在每件商品上亏损1便士，即一个十二小时工作日的产品亏损1先令。之所以出现这种亏损，不是因为劳动力没有提供剩余价值，毕竟工人提供了2小时剩余劳动，而是因为这种剩余劳动的果实，通过竞争，在资本家之间重新进行了分配。因此，只有当劳动生产力的提高扩展到同生产必要生活资料有关的生产部门，以致使属于必要生活资料范围、从而构成劳动力价值要素的商品便宜时，一般剩余价值率才会最终受到这一整个过程的影响。

商品的价值与劳动生产力成反比。尽管商品的使用价值可能与劳动生产力成正比。劳动力的价值也是这样，因为它是由商品价值决定的。相反，相对剩余价值与劳动生产力成正比。它随着生产力提高而提高，随着生产力降低而降低。在货币价值不变的情况下，一个12小时社会平均工作日总是生产6先令的价值产品，而不管这个价值额如何分割为劳动力价值的等价物和剩余价值。但是，如果由于生产力的提高，每天的生活资料的价值，从而劳动力的日价值，从5先令下降到3先令，那么剩余价值就从1先令增加到3先令。再生产劳动力的价值，从前需要10个劳动小时，现在只要6个劳动小时就够了。有4个劳动小时空了出来，可以并入剩余劳动的范围。因此，提高劳动生产力来使商品便宜，并通过商品便宜来使工人本身便宜，是资本的内在的冲动和经常的趋势。商品的绝对价值本身，是生产商品的资本家所不关心的。他关心的只是商品所包含的、在出售时实现的剩余价值。剩余价值的实现本身就包含着预付价值的补偿。因为相对剩余价值的增加和劳动生产力的发展成正比，而商品价值的降低和劳动生产力的发展成反比，也就是说，因为同一过程使商品便宜，并使商品中包含的剩余价值提高，所以就揭示了一个谜：为什么只是关心生产交换价值的资本家，总是力求降低商品的交换价值.

可见，在资本主义生产条件下，通过发展劳动生产力来节约劳动，目的绝不是为了缩短工作日。它的目的只是为了缩短生产一定量商品所必要的劳动时间。工人在他的劳动的生产力提高时，一小时内例如会生产出等于过去10倍的商品，从而每件商品需要的劳动时间只是过去的1/10，这绝不能阻止他仍旧劳动12小时，并且在12小时内生产1200件商品，而不是以前的120件商品。他的工作日甚至还可能延长，以致他现在要在14小时内生产1400件商品等。因此，在麦克库洛赫、尤尔、西尼尔之流的经济学家的著作中，在这一页可以读到，工人应当感谢资本发展了生产力，因为这种发展缩短了必要劳动时间，在下一页接着就会读到，工人为了表示这种感谢，以后必须劳动15小时，以代替原来的10小时。在资本主义生产中，发展劳动生产力的目的，是为了缩短工人必须为自己劳动的工作日部分，以此来延长工人能够无偿地为资本家劳动的工作日的另一部分。在商品没有变便宜的情况下，究竟会在多大的程度上达到这个结果，我们在下面考察相对剩余价值的各种特殊的生产方法时，就可以看到。资本具有发展生产力的内在动力，社会主义社会要想在与资本主义社会的竞争过程中取胜，也需要某种发展生产力的内在动力。

第五章　绝对剩余价值和相对剩余价值的生产

劳动过程最初是抽象的，撇开它的各种历史形式，作为人和自然之间的过程来考察的，“如果对整个劳动过程从其结果的角度加以考察，那么劳动资料和劳动对象表现为生产资料，劳动本身则表现为生产劳动。这个从简单劳动过程的观点得出的生产劳动的定义，对于资本主义生产过程是绝对不够的。”在这里要进一步研究这个问题。

就劳动过程是纯粹个人的劳动过程来说，同一劳动者是把后来彼此分离开来的一切职能结合在一起的。当他为了自己的生活目的对自然物实行个人占有时，他是自己支配自己的。后来他成为被支配者。单个人如果不在自己的头脑的支配下使自己的肌肉活动起来，就不能对自然发生作用。正如在自然机体中头和手组成一体一样，劳动过程把脑力劳动和体力劳动结合在一起了。后来它们分离开来，直到处于敌对的对立状态。产品从个体生产者的直接产品转化为社会产品，转化为总体工人即结合劳动人员的共同产品。总体工人的各个成员较直接地或者较间接地作用于劳动对象。因此，随着劳动过程本身的协作性质的发展，生产劳动和它的承担者即生产工人的概念也就必然扩大。但是，另一方面，生产劳动的概念缩小了。资本主义生产不仅是商品的生产，它实质上是剩余价值的生产。工人不是为自己生产，而是为资本生产。因此，工人单是进行生产已经不够了。他必须生产剩余价值。只有为资本家生产剩余价值或者为资本的自行增殖服务的工人，才是生产工人。

第一节　绝对剩余价值和相对剩余价值

绝对剩余价值和相对剩余价值，是生产剩余价值的两种形式，是相互联系又互相区别的矛盾统一体。

首先，绝对剩余价值的生产是相对剩余价值生产的起点。把工作日延长，使之超出工人只生产自己劳动力价值的等价物的那个点，并由资本占有这部分剩余劳动，这就是绝对剩余价值的生产。绝对剩余价值的生产构成资本主义体系的一般基础，并且是相对剩余价值生产的起点。就相对剩余价值的生产来说，工作日一开始就分成必要劳动和剩余劳动这两个部分。为了延长剩余劳动，就要用各种方法缩短生产工资的等价物的时间，从而缩短必要劳动。绝对剩余价值的生产只同工作日的长度有关；相对剩余价值的生产使劳动的技术过程和社会组织发生了根本的革命。因此，相对剩余价值的生产以特殊的资本主义的生产方式为前提；这种生产方式连同它的方法、手段和条件本身，最初是在劳动在形式上隶属于资本的基础上自发地产生和发展的。劳动对资本的这种形式上的隶属，又让位于劳动对资本的实际上的隶属。

其次，生产相对剩余价值的方法同时也是生产绝对剩余价值的方法。对于绝对剩余价值的生产来说，只要劳动在形式上隶属于资本就够了。例如，只要从前为自己劳动或者作为行会师傅帮工的手工业者变成受资本家直接支配的雇佣工人就够了；另一方面却可以看到，生产相对剩余价值的方法同时也是生产绝对剩余价值的方法。无限度地延长工作日正是大工业特有的产物。特殊的资本主义的生产方式一旦掌握整整一个生产部门，它就不再是单纯生产相对剩余价值的手段，而一旦掌握所有决定性的生产部门，那就更是如此。这时它成了生产过程的普遍的、在社会上占统治地位的形式。现在它作为生产相对剩余价值的特殊方法，只在下面两种情况下起作用：第一，以前只在形式上隶属于资本的那些产业部门为它所占领，也就是说，它扩大了作用范围；第二，已经受它支配的产业部门由于生产方法的改变不断发生革命。

最后，绝对剩余价值和相对剩余价值之间是存在根本区别的。相对剩余价值是绝对的，因为它以工作日的绝对延长超过工人本身生存所必需的劳动时间以上为前提。绝对剩余价值是相对的，因为它以劳动生产率发展到能够把必要劳动时间限制为工作日的一个部分为前提。但是，如果注意一下剩余价值的运动，这种表面上的同一性就消失了。在资本主义生产方式一旦确立并成为普遍的生产方式的情况下，只要涉及到剩余价值率的提高，绝对剩余价值和相对剩余价值之间的差别就可以感觉到了。假定劳动力按其价值支付，那么，我们就会碰到这样的抉择：如果劳动生产力和劳动的正常强度已定，剩余价值率就只有通过工作日的绝对延长才能提高；另一方面，如果工作日的界限已定，剩余价值率就只有通过工作日两个组成部分即必要劳动和剩余劳动的相对量的变化才能提高，而这种变化在工资不降低到劳动力价值以下的情况下，又以劳动生产率或劳动强度的变化为前提。

此外，自然条件不能决定绝对剩余价值的生产，只有资本主义生产关系才能决定。剩余价值有一个自然基础，但这只是从最一般的意义来说的，即没有绝对的自然障碍会妨碍一个人把维持自身生存所必要的劳动，从自身上解脱下来并转嫁给别人。例如，同样没有绝对的自然障碍会妨碍一个人去把别人的肉当作食物。绝不应该像有时发生的情况那样，把神秘的观念同这种自然发生的劳动生产率联系起来。只有当人类通过劳动摆脱了最初的动物状态，从而他们的劳动本身已经在一定程度上社会化的时候，一个人的剩余劳动成为另一个人的生存条件的关系才能出现。在这个文化初期，已经取得的劳动生产力很低，但是需要也很低，需要是同满足需要的手段一同发展的，并且是依靠这些手段发展的。这是需求与供给的辩证关系之一。其次，在这个文化初期，社会上依靠别人劳动来生活的那部分人的数量，同直接生产者的数量相比，是微不足道的。随着社会劳动生产力的增进，这部分人也就绝对地和相对地增多起来。并且，资本关系就是在作为一个长期发展过程的产物的经济基础之上产生的。作为资本关系的基础和起点的已有的劳动生产率，不是自然的恩惠，而是几十万年历史的恩惠。

撇开社会生产的不同发展程度不说，劳动生产率是同自然条件相联系的。这些自然条件都可以归结为人本身的自然（如人种等）和人周围的自然。外界自然条件在经济上可以分为两大类：生活资料的自然富源，例如，土壤的肥力，鱼产丰富的水等；劳动资料的自然富源，如奔腾的瀑布、可以航行的河流、森林、金属、煤炭等。第一类自然富源具有决定性的意义；在较高的发展阶段，第二类自然富源具有决定性的意义。例如，可以用英国同印度比较，或者在古代，用雅典、科林斯同黑海沿岸的地方比较。绝对必需满足的自然需要的数量越少，土壤自然肥力越大，气候越好，维持和再生产生产者所必需的劳动时间就越少。因而，生产者在为自己从事的劳动之外来为别人提供的剩余劳动就可以越多。

资本主义生产一旦成为前提，在其他条件不变并且工作日保持一定长度的情况下，剩余劳动量随劳动的自然条件，特别是随土壤的肥力而变化。但绝不能反过来说，最肥沃的土壤最适于资本主义生产方式的生长。资本主义生产方式以人对自然的支配为前提。过于富饶的自然“使人离不开自然的手，就像小孩子离不开引带一样”。它不能使人自身的发展成为一种自然必然性。资本的祖国不是草木繁茂的热带，而是温带。不是土壤的绝对肥力，而是它的差异性和它的自然产品的多样性。形成社会分工的自然基础，并且通过人所处的自然环境的变化，促使他们自己的需要、能力、劳动资料和劳动方式趋于多样化。社会地控制自然力以便对经济加以利用，用人力兴建大规模的工程以便占有或驯服自然力，——这种必要性在产业史上起着最有决定性的作用。如埃及、伦巴第、荷兰等地的治水工程就是例子。或者如印度、波斯等地，在那里人们利用人工渠道进行灌溉，不仅使土地获得必不可少的水，而且使矿物质肥料同淤泥一起从山上流下来。兴修水利是阿拉伯人统治下的西班牙和西西里岛产业繁荣的秘密。

良好的自然条件始终只提供剩余劳动的可能性，从而只提供剩余价值或剩余产品的可能性，而绝不能提供它的现实性。劳动的不同的自然条件使同一劳动量在不同的国家可以满足不同的需要量，因而在其他条件相似的情况下，使得必要劳动时间各不相同。这些自然条件只作为自然界限对剩余劳动发生影响，就是说，它们只确定开始为别人劳动的起点。产业越进步，这一自然界限就越退缩。同历史地发展起来的社会劳动生产力一样，受自然制约的劳动生产力也表现为合并劳动的资本的生产力。

第二节　劳动力价格和剩余价值的量的变化

劳动力价值是由平均工人通常必需的生活资料的价值决定的。这些生活资料在形式上虽然可能有变化，但是在一定社会的一定时代，它们的量是一定的，所以应该看作是一个不变量，变化的是这个量的价值。还有两个因素决定劳动力的价值。一个是劳动力的发展费用，这种费用是随生产方式的变化而变化的；另一个是劳动力的自然差别，男劳动力和女劳动力，成年劳动力和未成年劳动力的自然差别。这些不同劳动力的使用（这又是由生产方式决定的），在工人家庭的再生产费用上和在成年男工的价值上都造成很大的差别。但是在下面的研究中，是撇开这两个因素的。马克思假定：首先商品是按照它的价值出售的；然后劳动力的价格有时可能比它的价值高，但从不比它的价值低。

在这种假定下，我们看到，劳动力价格和剩余价值的相对量取决于三种情况：一是工作日的长度，或劳动的外延量；二是正常的劳动强度，或劳动的内含量，即一定时间内耗费一定量的劳动；三是最后，劳动生产力，即由于生产条件发展程度的不同，等量的劳动在同样时间内会提供较多或较少的产品量。显然，这三个因素可以有各种各样的组合：或者是其中一个因素不变，其他两个因素可变；或者两个因素不变，一个因素可变；或者三个因素同时变化。这些因素同时变化时，又因为变化的大小和方向可以不同，组合也就更加多种多样了。下面只谈谈几种最主要的组合。

一、组合一

工作日的长度和劳动强度不变(已定)，劳动生产力可变。在这个假定下，劳动力的价值和剩余价值是由三个规律决定的：

第一，不论劳动生产率如何变化，从而不论产品量和单个商品的价格如何变化，一定长度的工作日总表现为相同的价值产品。一个十二小时工作日的价值产品例如为6先令，虽然所生产的使用价值量随劳动生产力的变化而变化，以致6先令的价值会分配在较多或较少的商品上面。

第二，劳动力的价值和剩余价值按照相反的方向变化。一是劳动生产力的变化，它的提高或降低，按照相反的方向影响劳动力的价值，按照相同的方向影响剩余价值。一个十二小时工作日的价值产品是一个不变量，例如6先令。这个不变量等于剩余价值加劳动力价值(这个价值由工人以等价来补偿)之和。不言而喻，在一个不变量的两个部分当中，一个部分不减少，另一个部分就不能增加。二是如果劳动生产力不提高，劳动力的价值就不能降低，从而剩余价值就不能提高。用前面的例子来说，如果不是劳动生产力的提高，使以前需要6小时生产的生活资料量用4小时就可以生产出来，劳动力的价值就不可能由3先令降低到2先令。反过来，如果不是劳动生产力的下降，使以前只用6小时就能生产的生活资料量要用8小时才能生产出来，劳动力的价值也就不可能由3先令提高到4先令。由此可以得出结论，劳动生产率的提高会降低劳动力的价值，从而提高剩余价值，相反地，劳动生产率的下降会提高劳动力的价值，降低剩余价值。

第三，剩余价值的增加或减少始终是劳动力价值相应的减少或增加的结果，而绝不是这种减少或增加的原因。因为工作日是一个不变量，并表现为不变的价值量，因为剩余价值量的每次变化都有劳动力价值量的相反的变化与之相适应，又因为劳动力的价值只能随劳动生产力的变化而变化，所以很清楚，在这些条件下，剩余价值量的任何变化都是由劳动力价值量的相反的变化而引起的。上面我们已经知道，劳动力价值和剩余价值的绝对量，如果没有它们的相对量的变化，是不可能变化的。现在，我们又得出，它们的相对量，如果没有劳动力价值的绝对量的变化，是不可能变化的。

二、组合二

工作日和劳动生产力不变，劳动强度可变。劳动强度的提高是以在同一时间内劳动消耗的增加为前提的。因此，一个强度较大的工作日比一个时数相同但强度较小的工作日体现为更多的产品。诚然，在劳动生产力提高时，同一个工作日也会提供较多的产品。但在后一种情况下，由于产品所费劳动比以前少，单个产品的价值也就下降；而在前一种情况下，由于产品所费的劳动同以前一样，单个产品的价值也就保持不变。劳动强度的提高，与资本强度的提高，对单个产品的价值的影响不一样，对总产品的价值的影响也不一样。如果劳动时数不变，强度较大的工作日就体现为较多的价值产品，因而，在货币的价值不变的情况下，也就体现为较多的货币。强度较大的工作日的价值产品随着它的强度同社会的正常强度的偏离程度而变化。因此，同一个工作日不再像以前那样表现为一个不变的价值产品，而是表现为一个可变的价值产品。

例如，强度较大的十二小时工作日，就不像普通强度的十二小时工作日那样，表现为6先令，而是表现为7先令、8先令等。显然，如果一个工作日的价值产品发生变化，例如从6先令增加到8先令，那么这个价值产品的两个部分，即劳动力的价格和剩余价值可以同时按照相同的或不同的程度增加。如果价值产品由6先令提高到8先令，劳动力价格和剩余价值可以同时由3先令增加到4先令。在这种场合，劳动力价格虽然提高，但不一定要超过它的价值。相反地，在劳动力价格提高时，劳动力价格还可能降低到劳动力的价值以下。当劳动力价格的提高不能补偿劳动力的加速的损耗时总是发生这种情况。如果一切产业部门的劳动强度都同时相等地提高，新的提高了的强度就成为普通的社会的正常强度，因而不再被算作外延量。但是甚至在这种情况下，平均的劳动强度在不同的国家仍然是不同的，因而，会使价值规律在不同国家的工作日的应用上有所变化。一个国家的强度较大的工作日，比另一个国家的强度较小的工作日，表现为更大的货币额。

三、组合三

劳动生产力和劳动强度不变，工作日可变。工作日可以向两个方向变化，可以缩短或延长。

第一，对劳动力价值的影响。在假定的条件下，即在劳动生产力和劳动强度不变时，工作日的缩短不会使劳动力价值，从而不会使必要劳动时间发生变化。但是它会缩小剩余劳动和剩余价值。随着剩余价值的绝对量的下降，它的相对量，即它同劳动力价值的不变量相比的量也就下降。资本家只有把劳动力价格压低到它的价值以下，才能避免损失。一切反对缩短工作日的陈词滥调，都认定这种现象是在这里所假设的这种条件下发生的。然而实际上正好相反：在工作日缩短以前或紧随着工作日缩短以后，劳动生产率和劳动强度会发生变化。

第二，对剩余价值的影响。假定必要劳动时间是6小时，或劳动力价值是3先令，剩余劳动也是6小时，剩余价值是3先令。那么，整个工作日就是12小时，并表现为6先令的价值产品。如果工作日延长2小时，劳动力价格不变，那么剩余价值的相对量就随同它的绝对量一同增加。虽然劳动力价值按其绝对量来说没有变化，但就其相对量来说却降低了。在第一节所假设的条件下，劳动力价值的绝对量不发生变化，它的相对量就不可能变化。相反的，在这里，劳动力价值的相对量的变化，是剩余价值的绝对量的变化的结果。因为工作日借以表现的价值产品随着工作日的延长而增加，所以劳动力的价格和剩余价值可以同时等量地或不等量地增长。这种同时增长可以发生在下述两种场合：工作日绝对延长，或者工作日没有绝对延长，但是劳动强度增加了。

劳动力的日价值是根据劳动力的正常的平均持续时间或工人的正常的寿命来计算的，并且是根据从生命物质到运动的相应的、正常的、适合人体性质的转化来计算的。与工作日的延长密不可分的劳动力的更大损耗，在一定点内，可以用增多的报酬来补偿。超过这一点，损耗便以几何级数增加，同时劳动力再生产和发挥作用的一切正常条件就遭到破坏。劳动力的价格和劳动力的剥削程度就不再是可通约的量了。

四、组合四

劳动的持续时间、劳动生产力和劳动强度同时变化。在这里可能有许多种组合。可能两个因素变化，一个因素不变，或者三个因素同时发生变化。它们可能在同一程度上或在不同程度上变化，可能向同一方向或向相反的方向变化，以致它们的变化可以部分或全部互相抵消。

第一，劳动生产力降低，同时工作日延长。 这里所谈的劳动生产力的降低，是指这样一些劳动部门，它们的产品决定劳动力的价值。由于土壤肥力下降以及农产品相应涨价所引起的劳动生产力的降低，就是一个例子。假定工作日是12小时，它的价值产品是6先令，其中一半补偿劳动力的价值，另一半形成剩余价值。因此，工作日划分为6小时必要劳动和6小时剩余劳动。假定由于农产品的涨价，劳动力的价值由3先令提高到4先令，因而必要劳动时间由6小时增加到8小时。如果工作日不变，剩余劳动就会从6小时减少到4小时，剩余价值就会从3先令降低到2先令。如果工作日延长2小时，即从12小时延长到14小时，那么剩余劳动仍然是6小时，剩余价值仍然是3先令，但是剩余价值量同由必要劳动计量的劳动力价值相比较却下降了。如果工作日延长4小时，即由12小时延长到16小时，那么剩余价值和劳动力价值的比例量，剩余劳动和必要劳动的比例量不会改变。但是剩余价值的绝对量由3先令增加到4先令，剩余劳动的绝对量也由6个劳动小时增加到8个劳动小时，即增加1/3。可见，在劳动生产力降低和工作日同时延长的情况下，即使剩余价值的比例量降低，它的绝对量仍可保持不变；即使剩余价值的绝对量增加，它的比例量仍可保持不变；并且，工作日延长到一定的程度时，剩余价值的比例量和绝对量都可能增加。

第二，劳动强度和劳动生产力提高，同时工作日缩短。劳动生产力的提高和劳动强度的增加，从一方面来说，起着同样的作用。它们都会增加任何一段时间内所生产的产品总额。因此，它们都能缩短工人生产自己的生活资料或其等价物所必需的工作日部分。工作日的绝对最低界限，总是由工作日的这个必要的但能缩减的部分形成。如果整个工作日缩小到这个必要的部分，那么剩余劳动就消失了，这在资本的制度下是不可能发生的。只有消灭资本主义生产形式，才允许把工作日限制在必要劳动上。但是，在其他条件不变的情况下，必要劳动将会扩大自己的范围。一方面，是因为工人的生活条件日益丰富，他们的生活需求日益增长。另一方面，是因为现在的剩余劳动的一部分将会列入必要劳动，即形成社会准备基金和社会积累基金所必要的劳动中。

劳动生产力越是增长，工作日就越能缩短；而工作日越是缩短，劳动强度就越能增加。从社会的角度来看，劳动生产率还随同劳动的节约而增长。这种节约不仅包括生产资料的节约，而且还包括一切无用劳动的免除。资本主义生产方式迫使单个企业实行节约，但是它的无政府状态的竞争制度却造成了社会生产资料和劳动力最大的浪费，而且也产生了无数现在是必不可少的、但就其本身来说是多余的职能。过去的计划经济可以说是单个企业浪费而整个社会节约。但这并不意味着，我们只能在这两者之中择其一。

在劳动强度和劳动生产力已定的情况下，劳动在一切有劳动能力的社会成员之间分配得越平均，一个社会阶层把劳动的自然必然性从自身上解脱下来并转嫁给另一个社会阶层的可能性就越小，社会工作日中必须用于物质生产的部分就越小，从而个人从事自由活动，脑力活动和社会活动的时间部分就越大。从这一方面来说，工作日的缩短的绝对界限就是劳动的普遍化。在资本主义社会里，一个阶级享有自由时间，是由于群众的全部生活时间都转化为劳动时间了。是劳动分配的平均，而非劳动收入分配的平均。不同的劳动创造的价值有所不同。

第六章　工资

第一节　劳动力的价值或价格转化为工资

在资产阶级社会的表面上，工人的工资表现为劳动的价格，在现代庸俗经济学那里表现为劳动的边际产出，只是由于边际产出递减，而资本家按最低的边际产出支付工资，从而就像消费者获得消费者剩余那样，资本家获得资本剩余。表现为对一定量劳动支付的一定量货币。在这里，人们说劳动的价值，并把它的货币表现叫做劳动的必要价格或自然价格。另一方面，人们说劳动的市场价格，也就是围绕着劳动的必要价格上下波动的价格。

但什么是商品的价值呢？这就是耗费在商品生产上的社会劳动的物化形式。我们又用什么来计量商品的价值量呢？用它所包含的劳动量来计量。那么，比如说，一个12小时工作日的价值是由什么决定的呢？是由12小时工作日中包含的12个劳动小时决定的；这是无谓的同义反复。劳动要作为商品在市场上出售，无论如何必须在出售以前就已存在。但是，工人如果能使他的劳动独立存在，他出售的就是商品，而不是劳动。那么，劳动力的价值和价格究竟是怎样表现为它的转化形式，即表现为工资的呢？

首先，劳动力的日价值是根据工人的一定的寿命来计算的，而同工人的一定的寿命相适应的是一定长度的工作日。假定，一个普通工作日是12小时，劳动力的日价值是3先令，而这3先令是体现了6个劳动小时的价值的货币表现。如果工人获得了3先令，他就获得了他在12小时内执行职能的劳动力的价值。现在如果劳动力的这个日价值当作日劳动的价值来表现，那就会得出这样一个公式：12小时的劳动有3先令价值。这样一来，劳动力的价值就决定劳动的价值，或者用货币来表现，就决定劳动的必要价格。如果劳动力的价格同它的价值相偏离，那么劳动的价格也就会同它的所谓价值相偏离。

其次，由于在雇佣劳动下，甚至剩余劳动或无酬劳动也表现为有酬劳动，货币关系掩盖了雇佣工人的无偿劳动。体现工作日的有酬部分即6小时劳动的3先令价值，表现为包含6小时无酬劳动在内的整个十二小时工作日的价值或价格。于是，工资的形式消灭了工作日分为必要劳动和剩余劳动、分为有酬劳动和无酬劳动的一切痕迹。全部劳动都表现为有酬劳动。在徭役劳动下，服徭役者为自己的劳动和为地主的强制劳动在空间上和时间上都是明显分开的。

第二节 计时工资

劳动力总是按一定时期来出卖的。因此，直接表现劳动力的日价值、周价值等转化形式，就是“计时工资”的形式，也就是日工资等。劳动力的交换价值和由这个价值转变成的生活资料的量之间的区别，现在则表现为名义工资和实际工资之间的区别。以下是计时工资的若干特点：

计时工资是工人靠日劳动、周劳动等得到的货币额，形成他的名义的即按价值计算的工资额。但是很明显，依照工作日的长短，即依照工人每天所提供的劳动量，同样的日工资、周工资等可以代表极不相同的劳动价格而非劳动力价格。也就是说，可以代表对同量劳动所支付的极不相同的货币额。因而，在考察计时工资时必须再把工资总额，即日工资、周工资等的总额和劳动价格区别开来。但怎样得出这个价格，即一定量劳动的货币价值呢？劳动力的平均日价值除以平均工作日的小时数，就得出平均的劳动价格。假定劳动力的日价值是3先令，即6个劳动小时的价值产品，而工作日为12小时，那么1个劳动小时的价格＝3先令/12＝3便士。这样得出的劳动小时的价格就是劳动价格的单位尺度。

计时工资一般的规律就是：如果日劳动、周劳动等的量已定，那么日工资或周工资就决定于劳动价格，而劳动价格本身或者是随着劳动力的价值而变化，或者是随着劳动力的价格与其价值的偏离而变化。反之，如果劳动价格已定，那么日工资或周工资就决定于日劳动或周劳动的量。

第三节　计件工资

计件工资无非是计时工资的转化形式，正如计时工资是劳动力的价值或价格的转化形式一样。在实行计件工资的情况下，乍一看来，似乎工人出卖的使用价值不是他的劳动力的职能即活的劳动，而是已经物化在产品中的劳动。似乎这种劳动的价格不像计时工资那样，由劳动力的日价值/一定小时数的工作日这个分数来决定，而是由生产者的工作效率来决定的，这是计件工资的特点。在这里，劳动的质量是由产品本身来控制的，产品必须具有平均的质量，计件价格才能得到完全的支付。从这方面说，计件工资是克扣工资和进行资本主义欺诈的最丰富的源泉。

计件工资给资本家提供了一个十分明确的计算劳动强度的尺度。只有体现在一个预先规定的并由经验确定的商品量中的劳动时间，才被看作是社会必要劳动时间，并当作这种劳动时间来支付报酬。从实践中知道，1小时的平均产品是多少。在做时装、改衣服等时，雇主和工人之间常常会为某件产品是否等于1小时等发生争执，最后还是要由经验来解决。在伦敦的家具制造厂等部门中也有同样的情况。如果工人没有平均的工作效率，因而不能提供最低限度的日劳动，他就会被解雇。

既然劳动的质量和强度在这里是由工资形式本身来控制的，那么对劳动的监督大部分就成为多余的了。这是否意味着所谓的“管理”加强了，从而加强了这种“管理”的管理者应当获得相应的按要素分配的高额报酬呢？因此，计件工资的形式既形成了前面所说的现代家庭劳动的基础，也形成了层层剥削和压迫的制度的基础。后一种制度有两种基本形式。一方面，计件工资使资本家和雇佣工人之间的寄生者的中间盘剥即包工制更容易实行。中间人的利润完全来自资本家支付的劳动价格和中间人实际付给工人的那部分劳动价格之间的差额。总之，计件工资是最适合资本主义生产方式的工资形式。

第七章　资本的积累过程

一个货币额转化为生产资料和劳动力，这是要执行资本职能的价值量所完成的第一个运动。这个运动是在市场上，在流通领域内进行的。运动的第二阶段，生产过程，在生产资料转化为商品时就宣告结束，这些商品的价值大于其组成部分的价值，也就是包含原预付资本加上剩余价值。接着，这些商品必须再投入流通领域。必须出售这些商品，把它们的价值实现在货币上，把这些货币又重新转化为资本，这样周而复始地不断进行。这种不断地通过同一些连续阶段的循环，就形成资本流通。积累的第一个条件，首先是资本家能够卖掉自己的商品，并把由此得到的绝大部分货币再转化为资本。其次，剩余价值分为各个不同的部分，丝毫也不会改变它的性质以及使它成为积累要素的那些必要条件。不管资本主义生产者自己握有的或分给别人的剩余价值的比例如何，他总是最先占有剩余价值。

第一节　简单再生产

不管生产过程的社会形式怎样，它必须是连续不断的，或者说，必须周而复始地经过同样一些阶段。一个社会不能停止消费，同样，它也不能停止生产。因此，每一个社会生产过程，从经常的联系和它不断更新来看，同时也就是再生产的过程。

一、社会再生产一般过程及其条件

首先，生产的条件同时也就是再生产的条件。任何一个社会，如果不是不断地把它的一部分产品再转化为生产资料或新生产的要素，就不能不断地生产，即再生产。在其他条件不变的情况下，例如，社会在一年里所消费的生产资料，即劳动资料、原料和辅助材料，只有在实物形式上为数量相等的新物品所替换，社会才能在原有的规模上再生产或保持自己的财富，这些新物品要从年产品总量中分离出来，重新并入生产过程。因此，一定量的年产品是属于生产的。这部分本来供生产消费之用的产品，就采取的实物形式来说，大多数不适于个人消费。

其次，生产具有资本主义的形式，再生产也就具有同样的形式。在资本主义生产方式下，劳动过程只表现为价值增殖过程的手段。同样，再生产也只表现为把预付价值作为资本即作为自行增殖的价值来再生产的手段。某个人之所以扮演资本家的经济角色，只是由于他的货币不断地执行资本的职能。比如说，如果100镑预付货币额在今年转化为资本，生产了20镑剩余价值，那么，在明年及以后各年它必须重复同样的活动。剩余价值作为资本价值的周期增加额或处在过程中的资本的周期果实，取得了来源于资本的收入的形式。

最后，资本主义简单再生产。在资本主义再生产条件下，如果这种收入只是充当资本家的消费基金，或者说，它周期地获得，也周期地消费掉，那么，在其他条件不变的情况下，这就是简单再生产。虽然简单再生产只是生产过程在原来规模上的重复，但是这种重复或连续性，赋予这个过程以某些新的特征，或者不如说，消除它仅仅作为孤立过程所具有的虚假特征。

二、资本主义简单再生产的新特征

生产过程是以购买一定时间的劳动力作为开端的，每当劳动的售卖期限届满，从而一定的生产期间（如一个星期，一个月等）已经过去，这种开端就又更新。但是，工人只是在自己的劳动力发挥了作用，把它的价值和剩余价值实现在商品上以后，才得到报酬。因此，工人既生产了我们暂时只看作资本家的消费基金的剩余价值，也生产了付给他自己报酬的基金即可变资本，而后者是在它以工资形式流回到工人手里之前生产的，只有当他不断地再生产这种基金的时候，他才被雇用。

首先，资本家购买劳动力的可变资本是工人自己创造的。可变资本不过是劳动者为维持和再生产自己所必需的生活资料基金或劳动基金的一种特殊的、历史的表现形式；这种基金在一切社会生产制度下都始终必须由劳动者本身来生产和再生产。劳动基金所以不断以工人劳动的支付手段的形式流回到工人手里，只是因为工人自己的产品不断以资本的形式离开工人。但是劳动基金的这种表现形式丝毫没有改变这样一个事实：资本家把工人自己的物化劳动预付给工人。

其次，工人既创造可变资本，也生产全部资本。只有从生产过程的不断更新来考察资本主义生产过程，可变资本才会失去从资本家私人基金中预付的价值的性质。但是，这一过程总要从某地某时开始。因此，从我们上面所持的观点来看，下面的情况是可能的：资本家曾经一度依靠某种与别人的无酬劳动无关的原始积累而成为货币所有者，因而能够作为劳动力的购买者进入市场。然而，资本主义生产过程的单纯连续或者说简单再生产，还会引起其他一些特殊的变化，这些变化不仅影响资本的可变部分，而且影响整个资本。因此，撇开一切积累不说，生产过程的单纯连续或者说简单再生产，经过一个或长或短的时期以后，必然会使任何资本都转化为积累的资本或资本化的剩余价值。即使资本在进入生产过程的时候是资本使用者本人挣得的财产，它迟早也要成为不付等价物而被占有的价值，成为别人无酬劳动的货币形式或其他形式的化身。

最后，资本主义的再生产既是物质资料的再生产也是资本主义生产关系的再生产。要使货币转化为资本，只有商品生产和商品流通的存在还是不够的。为此首先必须有下列双方作为买者和卖者相对立：一方是价值或货币的所有者，另一方是创造价值的实体的所有者；一方是生产资料和生活资料的所有者，另一方是除了劳动力以外什么也没有的所有者。所以，劳动产品和劳动本身的分离，客观劳动条件和主观劳动力的分离，是资本主义生产过程事实上的基础或起点。

但是，起初仅仅是起点的东西，后来通过过程的单纯连续，即通过简单再生产，就作为资本主义生产本身的结果而不断重新生产出来，并且永久化了。一方面，生产过程不断地把物质财富转化为资本，转化为资本家的价值增殖手段和消费品。另一方面，工人不断地像进入生产过程时那样又走出这个过程——是财富的人身源泉，但被剥夺了为自己实现这种财富的一切手段。因为在他进入过程以前，他自己的劳动就同他相异化而为资本家所占有，并入资本中了，所以在过程中这种劳动不断物化在别人产品中。因为生产过程同时就是资本家消费劳动力的过程，所以工人的产品不仅不断地转化为商品，而且也转化为资本，转化为吸收创造价值的力的价值，转化为购买人身的生活资料，转化为使用生产者的生产资料。

总之，资本主义生产过程在本身的进行中，再生产出劳动力和劳动条件的分离。这样，它就再生产出剥削工人的条件，并使之永久化。它不断迫使工人为了生活而出卖自己的劳动力，同时不断使资本家能够为了发财致富而购买劳动力。现在资本家和工人作为买者和卖者在商品市场上相对立，已经不再是偶然的事情了。过程本身必定把工人不断地当作自己劳动力的卖者投回商品市场，同时又把工人自己的产品不断地变成资本家的购买手段。实际上，工人在把自己出卖给资本家以前就已经属于资本了。工人经济上的隶属地位，是由他的“卖身”行为的周期更新、雇主的更换和劳动的市场价格的变动造成的，同时又被这些事实所掩盖。

第二节　原始积累

马克思在此部分深刻揭示了原始积累的秘密和实质，阐明最初的资本从何而来，最初的资本关系是如何确立的。

一、原始积累的秘密

货币怎样转化为资本，资本怎样产生剩余价值，剩余价值又怎样产生更多的资本。但是，资本积累以剩余价值为前提，剩余价值以资本主义生产为前提，而资本主义生产又以商品生产者握有较大量的资本和劳动力为前提。因此，这整个运动好像是在一个恶性循环中兜圈子，要脱出这个循环，就只有假定在资本主义积累之前有一种“原始”积累（亚当·斯密称为“预先积累”），这种积累不是资本主义生产方式的结果，而是它的起点。

首先，资本原始积累过程是暴力和掠夺迫使劳动者与生产资料相分离的历史过程。原始积累在政治经济学中所起的作用，同原罪在神学中所起的作用几乎是一样的。亚当吃了苹果，人类就有罪了。人们在解释这种原始积累的起源的时候，就像在谈过去的奇闻逸事。在很久很久以前有两种人，一种是勤劳的、聪明的，而且首先是节俭的中坚人物；另一种是懒惰的，耗尽了自己的一切，甚至耗费过了头的无赖汉。

货币和商品，正如生产资料和生活资料一样，开始并不是资本。它们需要转化为资本。但是这种转化本身只有在一定的情况下才能发生，这些情况归结起来就是：两种极不相同的商品所有者必须互相对立和发生接触；一方面是货币、生产资料和生活资料的所有者，他们要购买别人的劳动力来增殖自己所占有的价值总额；另一方面是自由劳动者，自己劳动力的出卖者，也就是劳动的出卖者。自由劳动者有双重意义：他们本身既不像奴隶、农奴等那样，直接属于生产资料之列，也不像自耕农等那样，有生产资料属于他们，相反地，他们脱离生产资料而自由了，同生产资料分离了，失去了生产资料。商品市场的这种两极分化，造成了资本主义生产的基本条件。资本关系以劳动者和劳动实现条件的所有权之间的分离为前提。资本主义生产一旦站稳脚跟，它就不仅保持这种分离，而且以不断扩大的规模再生产这种分离。因此，创造资本关系的过程，只能是劳动者和他的劳动条件的所有权分离的过程，这个过程一方面使社会的生活资料和生产资料转化为资本，另一方面使直接生产者转化为雇佣工人。因此，所谓原始积累只不过是生产者和生产资料分离的历史过程。

其次，资本主义社会的经济结构是从封建社会的经济结构中产生的。直接生产者、劳动者，只有当他不再束缚于土地，不再隶属或从属于他人的时候，才能支配自身。其次，他要成为劳动力的自由出卖者，能把他的商品带到任何可以找到市场的地方去，他就必须摆脱行会的控制，摆脱行会关于学徒和帮工的制度以及关于劳动的约束性规定。因此，使生产者转化为雇佣工人的历史运动，一方面表现为生产者从隶属地位和行会束缚下解放出来。对于我们的资产阶级历史学家来说，只有这一方面是存在的。但是另一方面，新被解放的人只有在他们被剥夺了一切生产资料和旧封建制度给予他们的一切生存保障之后，才能成为他们自身的出卖者。而对他们的这种剥夺的历史是用血和火的文字载入人类编年史的。

最后，对农民土地的剥夺，是人民大众沦为无产者全部过程的基础。在原始积累的历史中，对正在形成的资本家阶级起过推动作用的一切变革，都是历史上划时代的事情，但首要的因素是：大量的人突然被强制地同自己的生存资料分离，被当作不受法律保护的无产者抛向劳动市场。对农业生产者即农民的土地的剥夺，形成全部过程的基础。正是由于农民的土地未被剥夺，中国的改革才没有一下子倒向资本主义。因为现代庸俗经济学正在取得改革的理论主导权。这种剥夺的历史在不同的国家带有不同的色彩，按不同的顺序、在不同的历史时代通过了不同的阶段。

二、对农村居民土地的剥夺

在英国，农奴制实际上在14世纪末期就已经不存在了。当时，尤其到了15世纪，绝大多数人口是自由的自耕农，尽管他们的所有权还隐藏在封建的招牌后面。在较大的封建领地上，他们过去本身也是农奴的管事，被自由的租地农场主排挤了。

农业中的雇佣工人包括两种人，一种是利用空闲时间为大土地所有者做工的农民；一种是独立的、相对说来和绝对说来人数都不多的真正的雇佣工人阶级。甚至后者实际上也是自耕农，因为除了工资，他们还分得四英亩或更多一些的耕地和小屋。此外，他们又和真正的农民共同利用公有地，在公有地上放牧自己的牲畜和取得木材、泥炭等燃料。那么，自耕农究竟是怎样被剥夺而转化为无产者的呢？具体可分为如下向个阶段：

首先，为资本主义生产方式奠定基础的变革的序幕，是在15世纪最后30多年和16世纪最初几十年演出的。由于封建家臣（这些封建家臣，正如詹姆斯·斯图亚特爵士正确指出的，“到处都无用地塞满了房屋和城堡”）的解散，大量不受法律保护的无产者被抛向劳动市场。虽然王权这个资产阶级发展的产物在追求绝对权力时，用暴力加速了这些家臣的解散，但王权绝不是这件事情发生的唯一原因。不如说，同王室和议会顽强对抗的大封建主，通过把农民从土地（农民对土地享有和封建主一样的封建权利）上赶走，夺去他们的公有地的办法，造成了人数更多的无比的无产阶级。

其次，在16世纪，宗教改革和随之而来的对教会地产的大规模的盗窃，使暴力剥夺人民群众的过程得到新的惊人的推动。在宗教改革的时候，天主教会是英国相当大一部分土地的封建所有者。其对修道院等的压迫，把住在里面的人抛进了无产阶级行列。很大一部分教会地产送给了贪得无厌的国王宠臣，或者非常便宜地卖给了投机的租地农场主和市民(今天的国有资产也卖得非常便宜)，这些人把旧的世袭佃户大批地赶走，把他们耕种的土地合并过来。法律保证贫苦农民对一部分教会什一税的所有权，也被暗中取消了。

第三，土地所有者通过立法实行掠夺土地。土地所有者取消了封建的土地制度，也就是使土地摆脱了对国家的贡赋，以对农民和其他人民群众的课税来“补偿”国家，他们要求对地产的现代私有权（他们对地产只有封建权利），最后，他们强令实行定居法。只要把情况相应地改变一下，它们对英国农民的影响，就同鞑靼人波利斯·戈东诺夫的命令对俄国农民的影响一样。

最后，对农民土地的最后一次大规模剥夺过程，是所谓的“Clearing of Estates”（清扫领地，实际上是把人从领地上清扫出去）。“清扫”是前面谈过的英国的一切剥夺方法的顶点。我们在上面谈到现代状况时知道，在已经没有独立农民可以清扫的地方，现在是要把小屋“清扫”掉，结果农业工人在他们耕种的土地上甚至再也找不到必要的栖身之所了。至于“清扫领地”的真正含意，我们只有看看苏格兰高地这个现代小说中的天国，才可以领会。在那里，这个过程的特点是：它有系统性，有一举完成的巨大规模（在爱尔兰，地主同时把好几个村庄清扫掉；在苏格兰高地，一下子被清扫的土地面积相当于德意志几个公国），最后，还有被侵吞的土地所有权的特殊形式。

三、15世纪末以来惩治被剥夺者的血腥立法与压低工资的法律

前面论述了农民被剥夺的经过，那么，这些被剥夺者又是如何变为雇用的劳动者，隶属于资本的呢？

首先，通过血腥的立法来强制农民接受工资劳动纪律。由于

封建家臣的解散和土地断断续续遭到暴力剥夺而被驱逐的人，这个不受法律保护的无产阶级，不可能像它诞生那样快地被新兴的工厂手工业所吸收。另一方面，这些突然被抛出惯常生活轨道的人，也不可能一下子就适应新状态的纪律。他们大批地变成了乞丐、盗贼、流浪者，其中一部分人是由于习性，但大多数是为环境所迫。因此，15世纪末和整个16世纪，整个西欧都颁布了惩治流浪者的血腥法律。现在的工人阶级的祖先，当初曾因被迫变成了流浪者和贫民而受到惩罚。法律把他们看作“自愿的”罪犯，其依据是：只要他们愿意，是可以继续在已经不存在的旧的条件下劳动的。

其次，新兴资产阶级运用国家权力维持工人对资本的从属关系。单是在一极有劳动条件作为资本出现，在另一极有除了劳动力以外没有东西可出卖的人，还是不够的。这还不足以迫使他们自愿地出卖自己。在资本主义生产的进展中，工人阶级日益发展，他们由于教育、传统、习惯而承认这种生产方式的要求是理所当然的自然规律。发达的资本主义生产过程的组织粉碎一切反抗；相对过剩人口的不断产生把劳动的供求规律，从而把工资限制在与资本增殖需要相适应的轨道以内；经济关系的无声的强制保证资本家对工人的统治。超经济的直接的暴力固然还在使用，但只是例外地使用。在通常的情况下，可以让工人由“生产的自然规律”去支配，即由他对资本的从属性去支配，这种从属性由生产条件本身产生，得到这些条件的保证并由它们永久维持下去。在资本主义生产在历史上刚刚产生的时期，情况则不同。新兴的资产阶级为了“规定”工资，即把工资强制地限制在有利于赚钱的界限内，为了延长工作日并使工人本身处于正常程度的从属状态，就需要并运用了国家权力。这是所谓原始积累的一个重要因素。

四、资本主义租地农场主的产生

资本家最初是从哪里来的呢？因为对农村居民的剥夺只是直接地产生了大土地所有者。至于说到租地农场主的产生，我们是能够弄清楚的，因为这是一个延续了许多世纪的漫长过程。农奴本身，此外还有自由小土地所有者，处于极不相同的财产状况下，因而是在极不相同的经济条件下解放出来的。在十四世纪下半叶，管事被由地主供给种子、牲畜和农具的租地农民所代替。这种租地农民的地位同农民没有多大的区别，不过他剥削更多雇佣劳动。他不久就成为分成农，半租地农场主。在15世纪，当独立农民和那些既当雇工同时又独自耕作的雇农靠自己的劳动而富裕起来的时候，租地农场主的境况和生产范围都同样是中等的。在16世纪，又加进了一个有决定意义的重要因素。当时，租约的期限很长，往往达99年。贵金属价值和货币价值的不断下降，给租地农场主带来了黄金果。在16世纪末，英国有了一个就当时情况来说已很富有的“资本主义租地农场主”阶级，是不足为奇的。

五、工业资本家的产生

工业资本家不是像租地农场主那样逐渐产生的。毫无疑问，有些小行会师傅和更多的独立小手工业者，甚至雇佣工人，变成了小资本家，并且由于逐渐扩大对雇佣劳动的剥削和相应的积累，成为不折不扣的资本家。在中世纪城市的幼年时期，逃跑的农奴中谁成为主人，谁成为仆人的问题，多半取决于他们逃出来的日期的先后。在资本主义生产的幼年时期，情形往往也是这样。但是这种方法的蜗牛般爬行的进度，无论如何也不能适应15世纪末各种大发现所造成的新的世界市场的贸易需求。而中世纪已经留下两种不同形式的资本，它们是在极不相同的社会经济形态中成熟的，而且在资本主义生产方式时期到来以前，就被当作资本了，这就是高利贷资本和商人资本。

六、资本主义积累的历史趋势

马克思在此论证了资本主义生产关系发生、发展和灭亡的规律和社会主义代表资本主义的历史必然性。

首先，以自己劳动为基础的私有制的解体，资本主义生产方式的形成。资本的原始积累，即资本的历史起源，究竟是指什么呢？既然它不是奴隶和农奴直接转化为雇佣工人，因而不是单纯的形式变换，那么它就只是意味着直接生产者的利益被剥夺，即以自己劳动为基础的私有制的解体。私有制作为公共的、集体的所有制的对立物，只是在劳动资料和劳动的外部条件属于私人的地方才存在。但是私有制的性质，却依这些私人是劳动者还是非劳动者而有所不同。私有制在最初看来所表现出的无数色层，只不过反映了这两极间的各种中间状态。

劳动者对他的生产资料的私有权是小生产的基础，而小生产又是发展社会生产和劳动者本人的自由个性的必要条件。诚然，这种生产方式在奴隶制度、农奴制度以及其他从属关系中也是存在的。但是，只有在劳动者是自己使用的劳动条件的自由私有者，农民是自己耕种的土地的自由私有者，手工业者是自己运用自如的工具的自由私有者的地方，它才得到充分发展，才显示出它的全部力量，才获得适当的典型的形式。

其次，社会主义代替资本主义的客观必然性。对直接生产者的剥夺，是用最残酷无情的野蛮手段，在最下流、最龌龊、最卑鄙和最可恶的贪欲的驱使下完成的。靠自己劳动挣得的私有制，即以各个独立劳动者与其劳动条件相结合为基础的私有制，被资本主义私有制，即以剥削他人的但形式上是自由的劳动为基础的私有制所排挤。一旦这一转化过程使旧社会在深度和广度上充分瓦解，一旦劳动者转化为无产者，他们的劳动条件转化为资本，一旦资本主义生产方式站稳脚跟，劳动的进一步社会化，土地和其他生产资料的进一步转化为社会使用的，即公共的生产资料，从而对私有者的进一步剥夺，就会采取新的形式。现在要剥夺的已经不再是独立经营的劳动者，而是剥削许多工人的资本家的利益了。

最后，资本主义生产由于自然过程的必然性，造成了对自身的否定。通过资本的集中，进行的是一个资本家打倒许多资本家的过程。随着这种集中或少数资本家对多数资本家的剥夺，规模不断扩大的劳动过程的协作形式日益发展，科学日益被自觉地应用于技术方面，土地日益被有计划地利用，劳动资料日益转化为只能共同使用的劳动资料。一切生产资料因作为结合的社会劳动的生产资料使用而日益节省，各国人民日益被卷入世界市场网，从而资本主义制度日益具有国际的性质。随着那些掠夺和垄断这一转化过程的全部利益的资本巨头不断减少，贫困、压迫、奴役、退化和剥削的程度不断加深，而日益壮大的、由资本主义生产过程本身的机构所训练、联合和组织起来的工人阶级的反抗也不断增长。资本的垄断成了与这种垄断一起并在这种垄断之下繁盛起来的生产方式的桎梏。生产资料的集中和劳动的社会化，达到了同它们的资本主义外壳不能相容的地步。这个外壳就要炸毁了。资本主义私有制的丧钟就要响了。仅是资本主义私有制，而非一切私有制。剥夺者就要被剥夺了。除了外壳炸毁这种方式外，对资本家的剥夺还可能会通过知识经济和互联网络的发展等来进行。随着生产力的这种发展，竞争会进一步加剧，信息不对称会越来越严重，而创办知识企业的成本也会下降，从而单纯的资本家将越来越难以保存和发展其现有资本。

从资本主义生产方式产生的资本主义占有方式，从而资本主义的私有制，是对个人的、以自己劳动为基础的私有制的第一个否定。但资本主义生产由于自然过程的必然性，造成了对自身的否定。这是否定的否定。这种否定不是重新建立私有制，而是在资本主义时代的成就的基础上，也就是说，在协作和对土地及靠劳动本身生产的生产资料的共同占有的基础上，重新建立个人所有制。

以个人自己劳动为基础的分散的私有制，转化为资本主义私有制，同事实上已经以社会生产为基础的资本主义所有制转化为公有制比较起来，自然是一个长久得多、艰苦得多、困难得多的过程。前者是少数掠夺者剥夺人民群众，后者是人民群众剥夺少数掠夺者。既有公有制，更有个人所有制，而且是在公有制共同占有的基础上，重新建立个人所有制。

知识链接

拜金主义

拜金主义是一种在近代兴起的价值观，持此观念的人认为“在社会上，无钱万万不能”、“金钱至上”，这种价值观被认为起源于资本主义鼓励人类追求自我物质利益的思想主张，而许多广告也被认为有助长社会整体拜金主义风气的作用。拜金主义经常引起许多批评，尤其被保守派的人士抨击为造成现代社会物欲横流、道德沦丧的象征之一。批评者认为，拜金主义者太过强调金钱的重要性，以致拜金主义者变得唯利是图，对许多事物经常只看得到表面，看不到其内涵，精神层面也极为空虚。然而也有人认为，追求更好、更富裕的生活是所有人类的本性，而拜金主义不过是在现代资本主义社会的风气下，人类此种本性的一种反映而已。

辩证唯物主义

辩证唯物主义，是马克思、恩格斯批判地吸取德国古典哲学——黑格尔的辩证法的“合理内核”和费尔巴哈唯物论的“基本内核”，在总结自然科学、社会科学和思维科学的基础上创立的系统科学的逻辑理论思维形式，是一种以马克思和恩格斯学说来研究现实的哲学方法，是用“辩证的观点”和“唯物论的观点”解释和认识世界的理论。一般认为“辩证唯物主义”和“唯物辩证法”在本质上是一致的。

辩证唯物主义的基本观点有：1.唯物主义认为，物质是第一性的，意识是第二性的。世界的本原是物质，世界的万事万物都是物质派生出来的。2.物质世界是按照它本身所固有的规律运动、变化和发展的。规律是客观的，是不以人的主观意志为转移的。3.辩证的唯物主义观点是相对于机械唯物主义而言的，即将辩证法与唯物主义相结合。

不可知论

不可知论是一种唯心主义的认识论，认为除了感觉或现象之外，世界本身是无法认识的。它否认社会发展的客观规律，否认社会实践的作用。不可知论最初是由英国生物学家T.H.赫胥黎于1869年提出的。不可知论断言人的认识能力不能超出感觉、经验和现象的范围，不能认识事物的本质及发展规律。在现代西方哲学中，许多流派从不可知论出发来否定科学真理的客观性，否认认识世界的可能性或者否认彻底认识世界的可能性。

簿记

簿记是为了管理经济主体因经济交易而产生的资产、负债、资本的增减，以及记录在一定期间内的收益和费用的记账方式。一般说到簿记是指复式的商业簿记。

德国古典哲学

德国古典哲学一般是指康德、费希特、谢林、黑格尔和费尔巴哈的哲学，是代表西方近代哲学的最高阶段。它继承了由德国哲学家莱布尼茨代表的唯理主义倾向，同时又受到了苏格兰启蒙运动中著名哲学家休谟的经验主义和怀疑论的影响，此外，以莱辛、歌德为代表的启蒙运动文学也对德国古典哲学起到了相当程度的影响。（斯宾诺莎的宿命论思想有时也被认为是德国古典哲学的重要思想来源之一。）在这些思想的共同影响下，德国古典哲学家总结并探讨了一系列哲学上的重大问题，尽管他们中的多数经常被泛泛地认为是唯心主义者，但他们的主张却不是统一的。

康德是一个二元论者和不可知论者，他为了调和唯理主义和经验主义，提出了自己的批判哲学。费希特则持有一种主观唯心主义（后期也被认为倾向于客观唯心主义），谢林和黑格尔有时候被认为是客观唯心主义者，但事实上他们的意见是非常不同的。直到费尔巴哈以一种唯物主义的观点对黑格尔宏大的形而上学体系提出抨击，从而终结了德国古典哲学。

德国古典哲学具有抽象性和思辨性的特点，同时它也是马克思主义的三个理论来源之一。此外，它提出了包括认识论、本体论、伦理学、美学、法哲学、历史哲学以及政治哲学等领域的各种重大问题和范畴，标志着近代西方哲学向现代西方哲学的过渡。

等价形式

当商品A通过不同种商品B的使用价值表现自己的价值时，它就使商品B取得了一种特殊的价值形式，即等价形式。

第二次工业革命

第二次工业革命，也称第二次科技革命，是指1870年至1914年的工业革命。其中西欧和美国以及1870年后的日本，工业得到飞速发展。第二次工业革命紧跟着18世纪末的第一次工业革命，并且从英国向西欧和北美蔓延。第二次工业革命以电力的大规模应用为代表，以电灯的发明为标志。

第二国际

第二国际，即“社会主义国际”，是一个工人运动的世界组织。1889年7月14日在巴黎召开了第一次大会，通过《劳工法案》及《五一节案》，决定以同盟罢工作为工人斗争的武器。组织后因第一次世界大战爆发而解散，其后伯尔尼国际成立并作为实体运作。第二国际所做出影响最大的动作包括宣布每年的5月1日为国际劳动节，宣布每年的3月8日为国际妇女节，并创始了八小时工作制运动。当今世界最大的政党组织“社会党国际”实际上为其延续，在二战后的1951年成立，成员均为原第二国际成员。

第一国际

第一国际，即国际工人联合会，1864年由英、法、德、意四国工人代表在伦敦开会成立，马克思代表德国工人参加该组织的工作，并逐渐用“科学社会主义”理论作为组织指导思想。由于会名太长，有时人们取它的第一个单词“International”代指，简称为“国际”，历史上即称为“第一国际”。1871年，第一国际法国支部参加并领导了巴黎公社运动。但是随着巴黎公社的失败，第一国际也日渐衰弱，1876年正式宣布解散。

法国1789年的资产阶级大革命

法国大革命，又称法国1789年的资产阶级大革命，是1789年在法国爆发的资产阶级革命，法国的政治体制在大革命期间发生了史诗性的转变：统治法国多个世纪的绝对君主制与封建制度在三年内土崩瓦解，过去的封建贵族和宗教特权不断受到自由主义政治组织和平民的冲击，传统观念逐渐被全新的天赋人权、三权分立等民主思想代替。

法国大革命始于1789年5月的三级会议。革命的头一年，第三等级的革命民众在6月发表了《网球场宣言》，7月攻占了巴士底狱，8月凡尔赛妇女运动迫使法国王室在10月返回巴黎。之后几年不断出现自由集会和保守的君主制度改革。1792年9月22日，法兰西第一共和国成立，路易十六在次年被推上了断头台。不断出现的外部压力实际上在法国革命中起到了主导作用，法国革命战争从1792年开始，取得了一个世纪以来法国未曾取得的胜利，并使法国间接控制了意大利半岛和莱茵河以西的领土。在国内，派系斗争及民众情绪的日益高涨导致了1793年至1794年恐怖统治的产生。罗伯斯庇尔和雅各宾派倒台以后，督政府于1795年掌权，直到1799年拿破仑上台后结束。

关于法国大革命的结束时间尚存争议，正统观点认为1799年的雾月政变为革命终结的标志；另有观点认为1794年7月雅各宾派统治的结束为革命的终结；还有观点认为1830年七月王朝建立是革命终结的标志。

现代社会在法国革命中拉开帷幕，共和国的成长、自由民主思想的传播、现代思想的发展以及国家之间大规模战争的出现都是此次革命的标志性产物。在作为近代一场伟大的民主革命而受到赞扬的同时，法国大革命也因其间所出现的一些暴力专政行为而为人诟病。革命随后导致了拿破仑战争、两次君主制复辟以及两次法国革命。接下来直至1870年，法国在两次共和国政府、君主立宪制政府及帝国政府下交替管治。

历史学家、《旧制度与大革命》的作者托克维尔则认为，1789年法国革命是迄今为止最伟大、最激烈的革命，代表法国的“青春、热情、自豪、慷慨、真诚的年代”。

封建主义

封建主义包括三个方面：一是指封建专制制度，包括政治、经济制度在内的整个社会制度；二是指意识形态；三是指以封建主义思想为指导，为建立或复辟封建专制制度而进行的活动。三者之间相互联系又相互区别，不能等同和混淆。也可以说，封建主义在经济上代表的是地方保护主义和部门主义；在政治上代表的是专制主义和宗法制度；在思想上代表的是纲常伦理、宗法意识和社会生活中的各种落后、愚昧现象、迷信思想和活动。包括制度、活动、思想三方面含义的封建主义，才能称之为完整意义上的封建主义。

个体经济

以生产资料个体所有和个体劳动为基础的经济。如小农经济、小手工业经济、个体商业等。原始社会解体时产生，存在于奴隶社会、封建社会、资本主义社会和社会主义社会，但从来没有成为独立的社会经济形态，而总是从属于占统治地位的经济。具有规模小、经营分散、经济不稳定等特点。在我国，经过社会主义改造，绝大部分个体经济已经转变为社会主义集体经济。但在社会主义国营经济和集体经济占绝对优势的前提下，在法律规定的范围内允许个体经济存在，作为社会主义公有制经济的补充。

工业革命

工业革命，又称产业革命，是指资本主义工业化的早期历程，即资本主义生产完成了从工场手工业向机器大工业过渡的阶段。工业革命是以机器取代人力，以大规模工厂化生产取代个体工场手工生产的一场生产与科技革命。由于机器的发明及运用成为了这个时代的标志，因此，历史学家称这个时代为“机器时代”。

有人认为工业革命在1759年左右已经开始，但直到1830年，它还没有真正蓬勃地展开。大多数观点认为，工业革命发源于英格兰中部地区。1769年，英国人瓦特改良蒸汽机之后，由一系列技术革命引起了从手工劳动向动力机器生产转变的重大飞跃。随后自英格兰扩散到整个欧洲大陆，19世纪传播到北美地区。一般认为，蒸汽机、煤、铁和钢是促成工业革命技术加速发展的四项主要因素。在瓦特改良蒸汽机之前，整个生产所需动力依靠人力和畜力。伴随蒸汽机的发明和改进，工厂不再依河或溪流而建，很多以前依赖人力与手工完成的工作自蒸汽机发明后被机械化生产取代。

工业革命是一般的政治革命不可比拟的巨大变革，其影响涉及人类社会生活的各个方面，使人类社会发生了巨大的变革，对人类的现代化进程的推动起到了不可替代的作用，把人类推向了崭新的蒸汽时代。

共产国际

共产国际，亦称“第三国际”，1919年3月2日至6日在列宁的领导下，在莫斯科召开了共产国际第一次代表大会。参加大会的有来自欧、亚、美洲21个国家的35个政党和团体的代表52人，通过了列宁起草的《共产国际宣言》、《共产国际行动纲领》等文件，宣告了共产国际的成立。共产国际在其存在的24年中，共召开过7次代表大会和13次执行委员会全会。共产国际在列宁领导期间，成绩比较显著。1924年1月，列宁去世后，共产国际出现了一些错误。总的来说，共产国际在宣传马克思列宁主义，团结各国无产阶级和被压迫民族，领导和推动无产阶级革命运动，促进亚非拉民族解放运动，反对帝国主义和法西斯主义，促进各国共产党的成长等方面起了重大的作用。

共产主义

共产主义是一种政治思想，主张消灭私有产权，并建立一个各尽所能、按需分配的生产资料公有制（进行集体生产）社会，而且是一个没有阶级制度、国家和政府的社会。在这一体系下，土地和资本财产为公共所有。其主张劳动的差别并不会导致占有和消费的任何不平等，并反对任何特权。在科学共产主义（马克思主义及其各流派）的理论中，它在发展上分两个阶段，初级阶段是社会主义，高级阶段是共产主义。通常所说的共产主义，指共产主义的高级阶段。

按照马克思主义理论（历史唯物主义），资本主义必将为共产主义所取代，这是不以人们的意志为转移的社会发展的历史规律。因随着工业革命后各种机械自动化生产所带来的高生产力，长期而言经济生产所需的人力将愈来愈少，在私有财产制度下绝大多数人将会失业，因此，社会若想继续和平发展就必须进入共产主义，将愈来愈少的工作量分配给各个工作的人，除了为兴趣而自愿长期工作的人之外，基本上多数人可减少许多工作时间就能维持日常生活。共产主义思想在实行上，需要人人有高度发达的集体主义精神，而这就要求社会生产力达到充分的发展和极度的发达。

共产主义社会

共产主义社会是一种社会形态，它是在生产资料公有制的条件下，在高度发达的社会生产力的基础上所实行的一种各尽其职、按需分配的劳动者自由联合的社会经济形态。

后马克思主义

后马克思主义的概念自20世纪80年代以来就以一种不太准确和规范的方式被使用着，它并非描述一个学派，而是描述一个趋向。后马克思主义倡导一种偶然的话语逻辑，它主张把意识形态和经济及阶级要素完全剥离开来，然而，对于后马克思主义自身的“发生学”分析，后马克思主义的话语理论却无能为力。后马克思主义不论作为一种思想倾向，还是作为一种确定的理论立场，它的生成、确立和盛行都不是脱离社会文化环境的纯粹话语运作的结果，就像后马克思主义本身不能够完全拒斥马克思主义一样，对后马克思主义社会和思想根源的理论透视也离不开马克思主义的分析方式。后马克思主义之所以在20世纪70年代末至80年代中期孕育成形，有着它特定的社会的、政治的、阶级的、思想的以及学理上的源流。

汇率

汇率，亦称外汇行市或汇价，是一国货币兑换另一国货币的比率，是以一种货币表示另一种货币的价格。由于世界各国货币的名称不同，币值不一，所以一国货币对其他国家的货币要规定一个兑换率，即汇率。从短期来看，一国的汇率由对该国货币兑换外币的需求和供给所决定。外国人购买本国商品、在本国投资以及利用本国货币进行投机会影响本国货币的需求。本国居民想购买外国产品、向外国投资以及外汇投机会影响本国货币供给。在经济学上，汇率定义为两国货币之间兑换的比例。通常会将某一国的货币设为基准，以此换算他国等金额价值的货币。

汇率的特性在于它多半是浮动的比率。只要货币能够透过汇率自由交换，依交换量的多寡，就会影响隔天的汇率，因此，有人也以赚汇差营利，今日以较低的比率购进某一外币，隔日等到较高的比率出现时，再转手卖出，所以有时汇率也能看出一个国家的经济状况。此外，外汇储备也能看出这个国家的出口贸易状况。

货币

货币是用作交易媒介、储藏价值和记账单位的一种工具，是专门在物资与服务交换中充当等价物的特殊商品。既包括流通货币，尤其是合法的通货，也包括各种储蓄存款。在现代经济领域，货币的领域只有很小的部分以实体通货方式显示，即实际应用的纸币或硬币，大部分交易都使用支票或电子货币。货币区是指流通并使用某一种单一的货币的国家或地区。不同的货币区之间在互相兑换货币时，需要引入汇率的概念。

机会主义

机会主义，也称投机主义，指为了达到自己的目标不择手段的做法，突出的表现是不按规则办事，视规则为腐儒之论，其最高追求是实现自己的目标，以结果来衡量一切，而不重视过程。如果它有原则的话，那么它的最高原则就是成王败寇。机会主义也可指工人运动或无产阶级政党内部出现的违背马克思主义根本原则的思潮、路线。它是资产阶级或小资产阶级思想的反映。机会主义有两种表现形式：一种是右倾机会主义，另一种是“左”倾机会主义。

级差地租

级差地租是一个相对于绝对地租的概念，它是指租佃较好土地的农业资本家向大土地所有者缴纳的超额利润。这个超额利润是由优等地和中等地农产品的个别生产价格低于按劣等地个别生产价格决定的社会生产价格的差额决定的。

价值

价值，泛指客体对于主体表现出来的积极意义和有用性。可视为是能够公正且适当反映商品、服务或金钱等值的总额。在经济学中，价值是商品的一个重要性质，它代表该商品在交换中能够交换得到其他商品的多少，价值通常通过货币来衡量，称为价格。这种观点中的价值，其实是交换价值的表现。

根据新古典主义经济学（目前比较流行的一种经济学理论），物体的价值就是该物体在一个开放和竞争的交易市场中的价格，因此，价值主要取决于对于该物体的需求，而不是供给。有些经济学者经常把价值等同于价格，不论该交易市场竞争与否。而古典经济学则认为价值和价格并不等同。按照马克思主义政治经济学的观点，价值就是凝结在商品中无差别的人类劳动，即商品价值。马克思还将价值分为使用价值（给予商品购买者的价值）和交换价值（使用价值交换的量）。

价值规律

价值规律，亦称“价值法则”，是商品生产和商品交换的基本规律。其主要内容和客观要求是商品的价值量由生产商品的社会必要劳动时间决定，商品按照价值量相等的原则进行交换。在以货币为媒介的商品交换中，要求价格符合于价值。

价值量

商品的价值量是商品价值的大小，通常是单位价值量。商品的价值量不是由各个商品生产者所耗费的个别劳动时间决定的，而是由社会必要劳动时间决定的。商品是劳动产品，商品的价值是由劳动形成的，因而它的价值量要由生产商品所耗费的劳动时间来衡量。在其他条件不变的情况下，商品的价值量越大，价格越高；商品的价值量越小，价格越低。若其他因素不变，单位商品的价值量与生产该商品的社会劳动生产率成反比。价值决定价格，价格是价值的货币表现，价值是价格的基础。

交换价值

交换价值指的是当一种产品在进行交换时，能换取到其他产品的价值。交换价值在马克思的学说中，是物品借着一种明确的经济关系才能够产生出的价值，也就是说，经济关系乃是交换价值的背景。交换价值只有在一个产品进行交换时，特别是产品作为商品在经济关系中出售及购买时，才具有意义。交换价值的根本属性是产品的使用价值，但是交换价值在商品交易中根据双方需求会发生较大的波动。例如，1升水在平时和旱季，其使用价值是一样的，但是交换价值的变化却很大。

经济危机

经济危机指的是一个或多个国家经济或整个世界经济在一段比较长的时间内不断收缩（即产生负的经济增长率）。

绝对地租

绝对地租是资本主义地租的一种形式。在资本主义制度下，由于土地为地主所私有，因此不论租种上等地或者租种土质最坏的地，地主都要收取地租。这种由于土地私有制的存在，不论租种好地坏地都绝对必须交纳的地租，马克思把它叫作绝对地租。

绝对剩余价值

绝对剩余价值指在必要劳动时间不变的条件下，通过绝对延长工作日，从而绝对延长剩余劳动时间生产出来的剩余价值。

科学社会主义

科学社会主义是与空想社会主义相对而言的、关于社会主义的科学的理论体系、理论模型与实践模式。科学社会主义是人类一切文明成果的结晶。马克思、恩格斯运用辩证唯物主义的逻辑思维形式，在批判历代空想社会主义的基础上，以历史唯物主义的观点揭示和发现了人类社会发展的规律及当代资本主义经济运动的规律——剩余价值规律。马克思的这两个规律的发现使社会主义从空想变成了科学。科学社会主义是关于无产阶级解放斗争发展规律的科学，是一门政治科学，或者说是一门政治学。

可知论

可知论认为世界是可以为人所认识的，世界上只有尚未被认识的事物，不存在不能认识的事物。一切的唯物主义者都是可知论者，他们坚持物质第一性，意识第二性；彻底的唯心主义者也是可知论者，但他们坚持意识第一性，物质第二性。

空想社会主义

空想社会主义又称乌托邦社会主义，是产生于资本主义生产状况和阶级状况尚未成熟时期的一种社会主义学说，是现代社会主义思想来源之一。空想社会主义者相信在不久的将来可以建立理想的意识形态社会，并为之不懈努力奋斗。这种学说最早见于16世纪托马斯·莫尔的《乌托邦》一书，盛行于19世纪初期的西欧。空想社会主义者认为社会主义的理想社会应该建筑在人类的理性和正义的基础上，而这种社会至今还未出现，是由于人们不认识和不承认的缘故。他们觉得只要有天才掌握了这种思想，并推广开去，就能实现他们心中的理想社会。空想社会主义者反对资本主义，并认为资本主义的剥削制度是由于人类在道德和法律上犯了错误，背弃了人类的本性而产生的。

劳动对象

劳动对象指劳动本身所对应的客体，比如耕作的土地、纺织的棉花等。包括两大类：一是自然界的物质，即未经人类加工过的自然物，如矿藏；一是人类劳动加工过的，用作原材料的产品，如棉花、钢铁等。

劳动力

劳动力，即人的劳动能力，指蕴藏在人体中的脑力和体力的总和。物质资料生产过程是劳动力作用于生产资料的过程。离开劳动力，生产资料本身是不可能创造任何东西的。但是，在物质资料生产过程中，劳动力发挥作用，除了必须具备一定的生产经验和劳动技能或科学文化知识外，还必须具备一定量的生产资料，否则，物质资料生产过程也是不能进行的。劳动者在生产过程中运用自己的劳动力和生产工具，作用于劳动对象，既可以创造出物质财富，也可以不断提高自己的劳动技能。

里昂工人起义

里昂工人起义是指1831年和1834年法国里昂工人反对资本主义剥削压迫的两次武装起义，里昂工人起义推动了法国工人运动的发展，是法国无产阶级作为独立的政治力量登上历史舞台的重要标志之一。与“巴黎公社”、“英国宪章运动”并称“三大工人运动”。

历史唯物主义

历史唯物主义是马克思主义哲学的重要组成部分，也被称为“唯物主义历史理论”或“唯物史观”。历史唯物主义为马克思和恩格斯所创立，以黑格尔的辩证法，结合费尔巴哈的唯物论，去解释人类历史演变的过程，并被列宁、毛泽东等人所发展，被认为是马克思主义的社会历史观和认识、改造社会的一般方法论。因其主要关注的是对历史规律的阐明，因而历史唯物主义可以归入历史哲学，具体地说是一种思辨的历史哲学。

历史唯物主义认为历史发展是客观的和有其特定规律的，其最基本的规律就是生产力决定生产关系，生产关系对生产力有反作用（可能促进或阻碍）。伴随着生产力的发展，人类社会会历经原始社会、奴隶社会、封建社会、资本主义社会、社会主义社会，最终走向共产主义社会。

马克思列宁主义

马克思列宁主义是马克思主义和列宁主义的统称。马克思主义是对马克思和恩格斯的观点和学说的总体称谓，是无产阶级及其政党的十分严整而彻底的世界观，是无产阶级开展解放运动的理论指导，是无产阶级根本利益的科学表现。列宁主义是帝国主义和无产阶级革命时代的马克思主义，是由列宁和他的战友在参加和领导俄国和国际工人运动的实践活动中，在同第二国际机会主义作斗争中，总结无产阶级新的历史经验和科学发展的新成果而形成的。它使无产阶级专政成为现实，使社会主义从科学的理论变成现实的社会制度。

马克思主义

马克思主义是马克思、恩格斯在19世纪工人运动实践基础上创立的理论体系。马克思主义主要以唯物主义角度编写而成。马克思主义理论体系包括三部分，即马克思主义哲学、马克思主义政治经济学、科学社会主义，分别是马克思、恩格斯受德国古典哲学、英国古典政治经济学、法国空想社会主义影响，并在此基础上创立的。马克思主义作为内涵丰富、外延无限的一整套严密的思想体系，我们可以从不同方面对其进行不同的定义。马克思主义从它的创造者、继承人的认识成果上讲，可以定义为：马克思主义是马克思、恩格斯创建的马克思主义者不断加以丰富发展的观点和学说的体系；从它的阶级属性讲，可以定义为：马克思主义是关于无产阶级和人类解放的科学，尤其是关于无产阶级斗争的性质、目的和条件的学说；从它的研究对象讲，可以定义为：马克思主义是一个内容极其丰富的、宏伟的、科学的理论体系，是关于自然、社会和思维发展普遍规律的学说，特别是关于资本主义发展和转变为社会主义，以及社会主义和共产主义发展普遍规律的学说。

马克思主义哲学

马克思主义哲学是关于自然、社会和思维发展的一般规律的科学，是唯物论和辩证法的统一，是唯物论自然观和历史观的统一。它是在继承和发展了德国的古典哲学，英国的古典政治经济学，英国、法国的空想社会主义下形成的马克思主义的三个组成部分之一。马克思主义哲学的主要理论来源是辩证法和唯物论，辩证唯物主义和历史唯物主义是马克思主义哲学的两大组成部分，实践概念是它的基础。

马克思主义政治经济学

马克思主义政治经济学，是马克思主义的重要组成部分。它既是我们从理论高度认识和研究资本主义的经济科学，也是我们进行社会主义经济建设和改革开放的理论指导。马克思主义政治经济学，首先包括马克思创建的政治经济学的基本原理和方法，也包括后来由列宁、毛泽东、邓小平和党中央发展了的经济思想与理论，还包括经济学界以马克思主义为指导研究当代资本主义和社会主义所取得的有关成果。马克思主义政治经济学的基本观点主要包括在马克思的重要著作《资本论》中，在《资本论》中，马克思研究了资本主义经济学的理论和英国历年的经济统计资料，对资本主义经济学理论进行了分析和批判。

七月革命

七月革命，即法国七月革命，是1830年欧洲的革命浪潮的序曲，因为波旁王室的专制统治令经历过法国大革命的法国人民难以忍受，以致法国人群起反抗当时法国国王查理十世的统治。此次革命的成功是维也纳会议后首次在欧洲成功的革命运动，革命鼓励了1830年及1831年欧洲各地的革命运动，表明维也纳会议后，由奥地利帝国首相梅特涅组织的保守力量未能抑制法国大革命后日益上扬的民族主义及自由主义浪潮。

让渡

让渡，就是权利人将自己有形物、无形的权利，或者是有价证券的收益权等通过一定的方式，全部或部分地以有偿或者无偿的方式转让给他人所有或者占有，或让他人行使相应权利。在商品经济中，买进卖出就是一种非常普遍的有偿让渡形式；而对别人或相关地区的捐赠，就是一种无偿的让渡。

商品

商品是一种用于满足购买者欲望和需求的产品。狭义概念中的商品是一种有形的物质产品，区别于无形的服务。就其本身而论，商品能以有形的方式交付给购买者，并且它的所有权也一并由销售者转移给了顾客。例如，苹果是有形的商品，相对而言，理发则是一种无形的服务。

商品拜物教

在马克思主义理论中，商品拜物教是资本主义市场社会中的社会关系的一种形态，其中社会关系体现为一种基于商品或货币的客体关系，主要表现为劳动商品化和异化。“商品拜物教”一词由马克思在《资本论》第一卷（1867年）中首创。马克思之所以用拜物教一词，可以解释为对工业社会“理性”、“科学”心态的嘲讽。在马克思的时代，这个词主要是用来形容原始宗教。商品拜物教意味着如此的原始信仰体系其实还留在现代社会的核心。依他的见解，商品拜物教是私有制在资本主义的社会关系中造成的幻影，它在资本主义社会的主流意识形态中占据中心地位。

社会必要劳动时间

社会必要劳动时间是与“个别劳动时间”相对而言的，指在现有的社会正常的生产条件下，在社会平均的劳动熟练程度和劳动强度下制造某种使用价值所需要的劳动时间。这里的“现有的社会正常的生产条件”是指现时某生产部门的平均生产条件，或大多数商品生产者所具有的生产条件，其中最主要是劳动工具的状况；这里的“平均的劳动熟练程度和劳动强度”是指中等水平或部门的平均劳动熟练程度和劳动强度。如生产一件上衣，各个商品生产者由于设备、技术熟练程度等差别，个别劳动时间从2小时到4小时不等，但一般用3小时的劳动就能生产出来，这3小时就是生产上衣的社会必要劳动时间，它随社会劳动生产率的提高而减少。另外，马克思在分析社会生产各部门之间按比例分配社会总劳动的必要性时，提出另一个意义上的社会必要劳动时间，是指满足社会对某种产品的需要而必须分配到某一部门去的那部分社会劳动时间，如社会需要10万双鞋，每双鞋需平均耗费社会劳动时间1小时，则生产鞋所需的社会必要劳动时间为10万小时。

社会主义

社会主义是一套经济体系和政治理论，主张或提倡公共或以整个社会作为整体，来拥有和控制生产资料（产品、资本、土地、资产等），其管理和分配基于公众利益。其提倡由集体或政府拥有与管理生产工具，分配物资。社会主义分为了诸多流派，从建立合作经济管理结构到废除等级制度以至于自由联合。作为一项政治运动，社会主义的政治哲学主张从改良主义到革命社会主义均有分布。如国家社会主义主张通过推动生产、分配和交换全方位的国有化来实现社会主义；自由社会主义倡导工人传统地控制生产方式，反对国家权力来进行管理；民主社会主义则通过民主化进程来寻求建立社会主义。

现代社会主义理论始于18世纪知识分子与工人阶级发起的批

评工业化与私有财产对社会影响的政治运动。早期的空想社会主义者，诸如罗伯特·欧文曾试图建立一个自给自足并脱离资本主义社会的公社；而圣西门则创造了名词socialisme，提倡技术官僚与计划工业的应用。马克思和恩格斯共同设计创造了一个理想的社会制度，通过除去导致不合格与周期性生产过剩的无政府主义和资本主义生产，来允许广泛应用现代科技，从而将经济活动合理化。在19世纪初期，社会主义还只是表明关注社会问题；到了19世纪末期，社会主义已经成为了建立基于社会共有的新体制的推动力，并站到了资本主义的对立面。

社会主义社会

社会主义社会，是一种社会形态，指用马克思主义理论指导，重视社会福利，采用财产公有制的，通常是共产主义政党专政、工人阶级领导的社会。按照马克思主义理论，社会主义社会是资本主义社会向共产主义社会的过渡性社会形态。

生产关系

生产关系是指在物质生产过程中形成的人们之间的社会关系，它集中体现了人们之间的物质利益关系。生产关系的内容包括人们在一定的生产资料所有制基础上形成的、在社会生产总过程中发生的生产、分配、交换和消费的关系。

生产力

生产力，又称“社会生产力”，是人们征服自然、改造自然、获得物质资料的能力。生产力和生产关系是社会生产不可分割的两个方面。生产力包括劳动者、劳动资料和劳动对象三大要素。

生产资料

生产资料，也称作生产手段，是马克思主义理论家认定的生产力三要素之一。生产资料主要指劳动者进行生产时所需要使用的资源和工具。一般包括土地、厂房、机器设备、工具、原料，等等。生产资料是生产过程中的劳动资料和劳动对象的总和，它是任何社会进行物质生产所必备的物质条件。

生息资本

生息资本，是为了获取利息而暂时贷放给他人使用的货币资本。

剩余价值

根据马克思主义理论，剩余价值是指从劳动者的劳动价值中剥削出来的利润（劳动价值和工资之间的差异），即“劳动者创造的被资产阶级无偿占有的劳动”。剩余价值概念是马克思主义政治经济学的核心概念，马克思主义政治经济学认为资本主义生产的实质就是剩余价值的生产，剩余价值规律是资本主义的基本经济规律，它决定着资本主义的一切主要方面和矛盾发展的全部过程，决定着资本主义生产的高涨和危机，决定着资本主义的发展和灭亡。

使用价值

使用价值，是一切商品都具有的共同属性之一。任何物品要想成为商品都必须具有可供人类使用的价值；反之，毫无使用价值的物品是不会成为商品的，使用价值是物品的自然属性。马克思主义政治经济学认为，使用价值是由具体劳动创造的，并且具有质的不可比较性。比如，人们不能说橡胶和香蕉哪一个使用价值更高。使用价值是价值的物质基础，和价值一起，构成了商品二重性。

世界观

世界观，也叫宇宙观，是哲学的朴素形态。世界观是人们对整个世界的总的看法和根本观点。由于人们的社会地位不同，观察问题的角度也不同，因而形成不同的世界观。哲学是世界观的理论表现形式。世界观的基本问题是精神和物质、思维和存在的关系问题，根据对这两者关系的不同回答，划分为两种根本对立的世界观基本类型，即唯心主义世界观和唯物主义世界观。

私有制

私有制，也叫所有制，是相对于公有制的经济制度，是在这种制度下进行的生产资料个人或集体的排他性占有。私有制是剥削社会（以奴隶社会、封建社会、资本主义、特权主义和专制社会为代表）的基本标志之一。

托拉斯

托拉斯，是较高级的垄断组织形式。指由许多生产同类商品或在生产上有密切关系的企业为了垄断某些商品的产销，从而获得高额利润而组成的大型垄断企业。可分为以金融控制为基础的托拉斯和以企业合并为基础的托拉斯。托拉斯在美国最为普遍，其作用覆盖整个采购、生产、销售过程。

唯物史观

唯物史观即历史唯物主义。

唯物主义

唯物主义即唯物论，是一种哲学理论，肯定世界的基本组成为物质，物质形式与过程是我们认识世界的主要途径，持着“只有事实上的物质才是真实存在的实体”这一种观点，并且被认为是物理主义的一种形式。该理论的基础是，所有的实体（和概念）都是物质的一种构成或者表达，并且，所有的现象（包括意识）都是物质相互作用的结果，在意识与物质之间，物质决定了意识，而意识则是客观世界在人脑中的生理反应，也就是有机物出于对物质的反应。因此，物质是唯一事实上存在的实体。作为对现实世界的一种解释，唯物主义是唯心主义和心灵主义的一个对立面。

唯物主义有机械唯物主义和辩证唯物主义的区别，机械唯物主义认为物质世界是由各个个体组成的，如同各种机械零件组成一个大机器，不会变化；辩证唯物主义认为物质世界永远处于运动与变化之中，是互相影响、互相关联的。机械唯物论的代表人物是费尔巴哈，辩证唯物论的代表人物是马克思、恩格斯和列宁。

唯心主义

唯心主义即唯心论，又译作理念论、观念论，是哲学中对思想、心灵、语言及事物等彼此之间关系的讨论及看法。唯心论秉持世界或现实如同精神或意识，都是根本的存在。唯心论直接相对于唯物论，后者认为世界的基本成分为物质，我们对世界的认识主要是通过物质，并将其视为一种物质形式与过程。唯心论同时也反对现实主义的哲学观，后者认为在人类的认知中，我们对物体的理解与感知，与物体独立于我们心灵之外的实际存在是一致的。

马克思主义哲学则认为唯心论是哲学上的两大基本派别之

一，是与唯物论对立的理论体系。唯心论在哲学基本问题上主张精神、意识的第一性，物质的第二性，也就是说，唯心论主张物质依赖意识而存在，物质是意识的产物的哲学派别，并认为可以区分为主观唯心论和客观唯心论两种基本类型。

乌托邦

乌托邦，也称理想乡，无何有之乡（源于《庄子》），是一个理想的群体对社会的构想，名字由托马斯·摩尔的《乌托邦》一书中所写的完全理想的共和国“乌托邦”而来。意指理想完美的境界，特别是用于表示法律、政府及社会情况。托马斯·摩尔在书中虚构了一个大西洋上的小岛，小岛上的国家拥有完美的社会、政治和法制体系。这个词用来被描述成一种被称为“意向社群”的理想社会和文学虚构的社会。

无产阶级

根据马克思主义理论，无产阶级一词指不拥有生产资本，单纯靠出卖劳动力获取收入的劳动者。马克思主义理论把无产阶级划分为普通无产阶级和下层无产阶级。在实际使用的含义中，近似地等同于近代以来出现的，主要受雇于资本家，依靠雇佣工资生活的工人群体。在马克思的理论中，无产阶级是被资产阶级通过剥削其生产价值和工资之间的差异（剩余价值）以获得利润的对象，因此，其大多在生存水平线上挣扎，教育相对落后（除非有极佳的社会福利），直到难以生存时，便容易铤而走险，当人数够多时，便会起身革命，尝试推翻现有政府及资本家。在社会主义社会，工人阶级已摆脱了被剥削、被压迫的地位，成为掌握国家政权的领导阶级。

相对价值形式

商品交换的价值关系中同等价形式相对立的一极。处于相对价值形式上的商品，在价值关系中起着主动的作用，是主动地要表现自己价值的商品。

相对剩余价值

把通过缩短必要劳动时间、相应地改变工作日的两个组成部分的量的比例而生产的剩余价值，叫做相对剩余价值。

小资产阶级

小资产阶级，指占有一定的生产资料或有少量财产的私有者，一般指不受他人剥削，也不剥削别人（或仅有轻微剥削），主要靠自己劳动为生的个体劳动者阶级。它在资本主义社会里是非基本的阶级，亦称为中间等级，主要包括农民、小手工业者、小商人、小业主等。作为劳动者，在思想上倾向于无产阶级；作为私有者，又倾向于资产阶级，极易受资产阶级思想的影响。因此，在反对封建主义的斗争中既具有革命性，同时也存在政治上的动摇性、斗争中的软弱性和革命的不彻底性。随着资本主义的发展，他们不断地向两极分化，大部分破产沦落为无产阶级或半无产阶级，小部分发财上升为资产阶级。

辛迪加

辛迪加，原意是“组合”、“联合”，是垄断组织的一种重要形式，属于低级垄断形式。辛迪加指同一生产部门的少数大企业为了获取高额利润，通过签订共同销售产品和采购原料的协定而建立的垄断组织。

虚拟资本

虚拟资本是独立于现实的资本运动之外、以有价证券的形式存在、能给持有者按期带来一定收入的资本，如股票、公债券、不动产抵押单等。虚拟资本是随着借贷资本的出现而产生的，它在借贷资本的基础上成长，并成为借贷资本的一个特殊的投资领域。

一般等价物

一般等价物是从商品中分离出来的，充当其他一切商品的统一价值表现材料的商品。一般等价物的出现，是商品生产和交换发展的必然结果。历史上，一般等价物曾由一些特殊的商品承担，随着社会的进步，黄金和白银成了最适合执行一般等价物职能的货币。货币是从商品中分离出来固定充当一般等价物的特殊商品。

英国工人宪章运动

宪章运动是1838年到1848年发生在英国的一场普通劳动者要求社会政治改革的群众运动，是世界三大工人运动之一。列宁称之为“世界上第一场大规模的劳动阶级运动”。宪章运动的目的是，工人们要求取得普选权，以便有机会参与国家的管理。“普选权问题是饭碗问题”，工人阶级希望通过政治变革来提高自己的经济地位。

庸俗经济学

庸俗经济学是资产阶级政治经济学的一个发展阶段，产生于18世纪末，大致结束于19世纪70年代。当时，法国出现一种自由主义思潮，以巴师夏、凯里为首的经济学家认为，世界是让每个自然人独立施展才能的大舞台，而资本主义是最符合人性的舞台设计，因此，它能以最快的速度去积聚财富，马克思称之为庸俗经济学。这种学说不愿意从历史的发展过程中考察资本形成的原因，更不愿意看到资本主义是建筑在绝大多数人陷入相对贫困的基础上的事实。庸俗经济学的主要代表人物有：西尼尔、穆勒、萨伊马尔萨斯等。

纸币

纸币，又叫钞票，是指以柔软的物料（通常是特殊的纸张）印制成的特殊货币凭证，通常是由国家发行并强制使用的一种货币符号。纸币本身不具价值，虽然作为一种货币符号，但其不能直接行使价值尺度职能，而是由国家对其面值进行定义。纸币是当今世界各国普遍使用的货币形式，而世界上最早出现的纸币，是中国北宋时期四川成都的“交子”。中国是世界上使用纸币最早的国家。

资本

资本，在经济学意义上，指的是用于生产的基本生产要素，即资金、厂房、设备、材料等物质资源。在金融学和会计领域，资本通常用来代表金融财富，特别是用于经商、兴办企业的金融资产。广义上，资本也可作为人类创造物质和精神财富的各种社会经济资源的总称。

资本主义

资本主义，也被称为自由市场经济或自由企业经济，其特色是个人或是企业拥有资本财产，且投资活动是由个人决策左右，而非由国家所控制，一般并没有准确之定义，不同的经济学家也对资本主义有不同的定义。一般而言，资本主义指的是一种经济学或经济社会学的制度，在这样的制度下绝大部分的生产资料都归私人所有，并借着雇佣或劳动的手段以生产资料创造利润。在这种制度里，商品和服务借由货币在自由市场里流通。投资的决定由私人进行，生产和销售主要由公司和工商业控制并互相竞争，依照各自的利益采取行动。

资产阶级

资产阶级是指占有社会生产资料并使用雇佣劳动的现代资本家阶级，其本质是以生产资料为手段无偿占有雇佣工人的劳动，是现代社会中的主要剥削阶级。

自然经济

自然经济，也叫小农经济，是商品经济的对立面，是私有制经济的一种表现，是存在于市场范围比较小的一种经济形态，是社会生产力水平低下和社会分工不发达的产物。该种经济形态占统治地位的持续时间涵盖原始社会、封建社会以及早期的资本主义社会与半殖民地半封建社会。

贵金属

贵金属，通常用来指代黄金、白银和白金三种价格昂贵、外表美观、化学性质稳定、具有较强的保值能力的金属，其中黄金的地位尤其重要。在布雷顿森林体系崩溃之前，西方各国货币均与美元挂钩，美元则与黄金挂钩，许多国家都公布本国货币的含金量。20世纪70年代后期，随着世界金融格局的重组和通货膨胀得到缓解，黄金等贵金属的地位有所下降，但仍被视为世界通用的交换媒介和保值工具。

海格特公墓

英国伦敦的公墓，位于英国伦敦北郊的海格特地区，分东西两个部分。西海格特公墓于1839年成立，包括两个都铎风格的教堂，一个古埃及风格的大道和大门（仿造古埃及著名的国王谷建筑），还有哥特风格的墓穴；东海格特公墓于1854年成立，两年后东部也投入运营。马克思及其家人的墓就在于此，公墓还埋葬着英国物理学家和化学家法拉第、小说家乔治·艾略特。

爱德华·伯恩施坦

爱德华·伯恩施坦（1850—1932），是德国社会民主党的著名活动家，他一生的理论和政治活动经历了不同阶段：小资产阶级激进民主主义者，马克思主义者，修正主义者。从1881年初担任党机关报《社会民主党人报》编辑到1895年恩格斯逝世，这15年是伯恩施坦的黄金时代。他是作为一位杜林主义者加入德国社会民主党的，以拉萨尔主义和杜林主义的眼光来看待马克思和马克思主义。在此期间，他在恩格斯的直接关怀和指导下，对于传播马克思主义、反对党内机会主义、揭露和批判统治阶级的反动政策等方面，对党内的建设做出了重大贡献，因此，他在党内和国际工人运动中赢得了很高的声誉。列宁也曾说，伯恩施坦当时是一个“革命的社会民主党人”。1895年8月恩格斯逝世后，伯恩施坦“修正”马克思主义基本原理的倾向开始公开显露出来。1896年至1898年，他在《新时代》上以《社会主义问题》为总题目发表的一组文章，成为他对马克思主义“传统解释”的最初“批判”，成为这一时期对马克思主义公开责难的代表，开启了德国社会民主党内关于什么是马克思主义、如何发展马克思主义的大争论。

爱尔维修

克洛德·阿德里安·爱尔维修（1715—1771），是18世纪法国唯物主义哲学家，法国启蒙思想家。他出生在巴黎一个宫廷医生的家庭，毕业于耶稣会办的专科学校，曾任总报税官。他考察了第三等级的贫困生活和封建贵族的糜烂生活，因而痛恨封建制度。后来，他辞去官职，专心著述，并和思想家狄德罗、霍尔巴赫等人参加了《百科全书》的编辑工作，对封建制度及教会进行了无情的揭露和批判。他的主要著作包括《论精神》和《论人的理智能力和教育》。

奥格斯特·倍倍尔

奥格斯特·倍倍尔（1840—1913），德国社会民主党的主要领导人之一，德国和国际工人运动活动家。1840年2月22日生于普鲁士，1913年8月13日卒于瑞士格尔桑斯。1865年8月结识李卜克内西，在其帮助下成长为社会主义者。1866年同李卜克内西创建萨克森人民党，加入第一国际。次年当选为德国工人协会联合会主席，并促使该会于1868年参加第一国际。1867年当选北德意志联邦议会议员，成为议会中第一个工人代表，坚决反对俾斯麦的“铁血政策”，主张通过自下而上的革命统一德意志。他和李卜克内西于1869年8月共同创建德国社会民主工党（爱森纳赫派），并制定了党纲。

柏拉图

柏拉图（约前427—前347），古希腊伟大的哲学家，也是全部西方哲学乃至整个西方文化最伟大的哲学家和思想家之一。他和老师苏格拉底、学生亚里士多德并称为古希腊三大哲学家。柏拉图出身于雅典贵族家庭，青年时师从苏格拉底。苏格拉底死后，他游历四方，曾到埃及、北非、小亚细亚沿岸和意大利南部从事政治活动，企图实现他的贵族政治理想。公元前387年活动失败后，游历12年的柏拉图逃回雅典，在一所称为阿卡德米的体育馆附近建立了一所学园，此后执教40年，直至逝世。他一生著述颇丰，其教学思想主要集中在《理想国》和《法律篇》中。柏拉图是西方客观唯心主义的创始人，其哲学体系博大精深，对其教学思想影响尤甚。柏拉图认为世界由“理念世界”和“现象世界”所组成。理念的世界是真实的存在，永恒不变，而人类感官所接触到的这个现实的世界，只不过是理念世界的微弱的影子，它由现象所组成，而每种现象是因时空等因素而表现出暂时变动等特征。由此出发，柏拉图提出了一种理念论和回忆说的认识论，并将它作为其教学理论的哲学基础。

保尔·拉法格

保尔·拉法格（1842—1911），法国杰出的马克思主义理论家，法国工人党和第二国际创建人之一。拉法格反对新康德主义和哲学上的修正主义，捍卫和宣传辩证唯物主义和历史唯物主义，拉法格还批判了饶勒斯的修正主义哲学观点。

布鲁诺·鲍威尔

布鲁诺·鲍威尔（1809—1882），德国哲学家，青年黑格尔派代表之一。柏林大学毕业，曾在柏林大学、波恩大学任教，因发表《同观福音作者的福音史批判》而遭解聘，从此退隐。否认福音故事的可靠性以及耶稣其人的存在。将黑格尔的自我意识解释为同自然相脱离的绝对实在，并用它来代替黑格尔的“绝对观念”，宣称“自我意识”是最强大的历史创造力，马克思和恩格斯在《神圣家族》一书中对此予以严厉批判。主要著作还有《福音的批判及福音起源史》、《斐洛、施特劳斯、勒男与原始基督教》等。

但丁

但丁·阿利吉耶里（1265—1321），意大利中世纪诗人，现代意大利语的奠基者，欧洲文艺复兴时代的开拓人物，以史诗《神曲》留名后世。但丁被认为是意大利最伟大的诗人，也是西方最杰出的诗人之一，全世界最伟大的作家之一。恩格斯评价说：“封建的中世纪的终结和现代资本主义纪元的开端，是以一位大人物为标志的，这位人物就是意大利人但丁，他是中世纪的最后一位诗人，同时又是新时代的最初一位诗人。”

德谟克利特

德谟克利特（约公元前460—公元前370或公元前356），来自古希腊爱琴海北部海岸的自然派哲学家。德谟克利特是经验的自然科学家和第一个百科全书式的学者，古代唯物思想的重要代表。他是“原子论”的创始者，由原子论入手，他建立了认识论，并在哲学、逻辑学、物理、数学、天文、动植物、医学、心理学、伦理学、教育学、修辞学、军事、艺术等方面，都有所建树。可惜他的大多数著作都散失了，至今只能看到若干残篇断简，这对理解他的思想造成了一定的困难。

德谟克利特的自然科学虽然也有类似实验解剖这样的科学结论，但是他在哲学上的大部分见解都与经验直接相关。他的原子论是受着水汽蒸发以及香味传递等感性直观，依赖哲学思维推测出来的，通过感官的参与，即经验，直接推测了原子论的可能，并由原子论进一步影响认识论等。说他是自然科学家，主要是缘于他对于自然科学起到的奠基作用，但是在哲学领域，他是个彻头彻尾的经验论者，在他那个年代的哲学家鲜有严谨依赖科学思维得出哲学结论的人，这是可想而知的。

恩格斯

弗里德里希·冯·恩格斯（1820—1895），德国思想家、哲学家、革命家，全世界无产阶级和劳动人民的伟大导师，马克思主义的创始人之一。恩格斯是卡尔·马克思的挚友，被誉为“第二提琴手”，他为马克思从事学术研究提供了大量经济上的支持。在马克思逝世后，将马克思的大量手稿、遗著整理出版，并且成为国际工人运动众望所归的领袖。

费尔巴哈

路德维希·安德列斯·费尔巴哈（1804—1872），德国哲学家。出生于拜恩州（巴伐利亚）下拜恩区的首府兰茨胡特，死于同一州的纽伦堡，他是德国法学家保罗·约翰·安塞姆里特·冯·费尔巴哈的第四个儿子。费尔巴哈对基督教的批判在社会上产生了很大影响，他的某些观点在德国教会和政府的斗争中被一些极端主义者接受。他对卡尔·马克思的影响也很大，虽然马克思并不赞同他观点中的机械论，马克思曾写过《费尔巴哈提纲》，批判他形而上学的唯物主义观点。费尔巴哈的主要著作有《黑格尔哲学批判》和《基督教的本质》等。

费希特

约翰·戈特利布·费希特（1762—1814），德国哲学家。尽管他是自康德的著作发展开来的德国唯心主义哲学的主要奠基人之一，但他在西方哲学史上的重要性往往被轻视了。费希特往往被认为是连接康德和黑格尔两人哲学间的过渡人物。近些年来，由于学者们注意到他对自我意识的深刻理解而重新认识到他的地位。和在他之前的笛卡尔和康德一样，对于主观性和意识的问题激发了他的许多哲学思考。费希特的一些观点也涉及了政治哲学，因此，他被一些人认为是德国国家主义之父。

弗洛伊德

西格蒙德·弗洛伊德（1856—1939），犹太人，奥地利精神病医生及精神分析学家，精神分析学派的创始人，此学派被称为“维也纳第一精神分析学派”，以区别于后来由此演变出的第二及第三学派。著有《性学三论》、《梦的解析》、《图腾与禁忌》、《日常生活的心理病理学》、《精神分析引论》、《精神分析引论新编》等。提出“潜意识”、“自我”、“本我”、“超我”、“俄狄浦斯情结”、“性冲动”、“心理防卫机制”等概念。其成就对哲学、心理学、美学，甚至社会学、文学等都有深刻的影响，被世人誉为“精神分析之父”。但他的理论诞生至今，却一直饱受争议。

伏尔泰

伏尔泰（1694—1778），原名弗朗索瓦·马利·阿鲁埃，伏尔泰是他的笔名。法国启蒙时代思想家、哲学家、文学家，启蒙运动公认的领袖和导师。伏尔泰是18世纪法国资产阶级启蒙运动的旗手，被誉为“法兰西思想之王”、“法兰西最优秀的诗人”、“欧洲的良心”。他不仅在哲学上有卓越成就，也以捍卫公民自由，特别是信仰自由和司法公正而闻名。尽管在他所处的时代，审查制度十分严厉，伏尔泰仍然公开支持社会改革。他的论说以讽刺见长，常常抨击天主教教会的教条和当时的法国教育制度。伏尔泰的著作和思想与托马斯·霍布斯及约翰·洛克一道，对美国革命和法国大革命的主要思想家都有影响。

傅立叶

夏尔·傅立叶（1772—1837），法国著名哲学家，经济学家，空想社会主义者。出身于商人家庭的傅立叶批评当时资本主义社会的一些丑恶现象，希望建立一种以法伦斯泰尔为基层组织的社会主义社会，在这里个人利益和集体利益是一致的。他还揭露资本主义的罪恶，主张建立一个社会主义社会，但他幻想通过宣传和教育来实现这一目的。他还强调妇女解放，提出妇女解放的程度是人民是否彻底解放的准绳。

葛兰西

安东尼奥·葛兰西（1891—1937）是意大利共产主义思想家、意大利共产党创始者和领导人之一。他的文艺理论著作大多写于狱中，战后才得到广泛的传播和研究。他批判资产阶级唯心主义文艺观和克罗齐的“艺术即直觉”的观点，坚持历史唯物主义和无产阶级党性原则，提出创立“民族-人民的文学”的口号，对文学与社会生活，作家与时代、人民，作品的内容与形式的关系，文艺批评的任务，作了精辟的论述；同时对许多古典作家和20世纪重要的文学现象作了分析和论述。葛兰西奠定了意大利马克思主义文艺理论的基础。

哈贝马斯

尤尔根·哈贝马斯，是德国当代最重要的哲学家、社会理论家之一，是批判学派中的法兰克福学派的第二代旗手。他1929年生于杜塞多夫，历任海德堡大学教授、法兰克福大学教授、法兰克福大学社会研究所所长以及德国马普协会生活世界研究所所长。1994年荣休，被公认是“当代最有影响力的思想家”，他同时也是西方马克思主义法兰克福学派第二代的中坚人物。他继承和发展了康德哲学，致力于重建“启蒙”传统，视现代性为“尚未完成之工程”，提出了著名的沟通理性的理论，对后现代主义思潮进行了深刻的对话及有力的批判。他著有《历史唯物主义的重建》、《交往行为理论》等著作。

海德格尔

马丁·海德格尔（1889—1976），德国哲学家，20世纪存在主义哲学的创始人和主要代表之一。出生于德国西南巴登邦弗赖堡附近的梅斯基尔希的天主教家庭，逝于德国梅斯基尔希。他在现象学、存在主义、解构主义、诠释学、后现代主义、政治理论、心理学及神学领域都有举足轻重的影响。此外，他还著有《存在与时间》一书，本书深深影响了20世纪哲学，尤其是存在主义、解释学和解构主义。

黑格尔

格奥尔格·威廉·弗里德里希·黑格尔（1770—1831），德国哲学家，出生于德国西南部巴登-符腾堡州首府斯图加特。18岁时，他进入蒂宾根大学学习，在那里，他与荷尔德林、谢林成为朋友，同时，为斯宾诺莎、康德、卢梭等人的著作和法国大革命深深吸引。许多人认为，黑格尔的思想，象征着19世纪德国唯心主义哲学运动的顶峰，对后世哲学流派，如存在主义和马克思的历史唯物主义都产生了深远的影响。更有甚者，由于黑格尔的政治思想兼具自由主义与保守主义两者之要义，因此，对于那些因看到自由主义在承认个人需求、体现人的基本价值方面的无能为力，而觉得自由主义正面临挑战的人来说，他的哲学无疑是为自由主义提供了一条新的出路。1807年，黑格尔出版了第一部作品《精神现象学》。《精神现象学》是一段伟大的概念旅程，带领我们从最基本的人类意识概念，走向最包罗万象而复杂的人类意识概念。

霍布斯

托马斯·霍布斯（1588—1679），英国的政治哲学家，创立了机械唯物主义的完整体系，认为宇宙是所有机械地运动着的广延物体的总和。他提出“自然状态”和国家起源说，认为国家是人们为了遵守“自然法”而订立契约所形成的，是一部人造的机器人，当君主可以履行该契约所约定的保证人民安全的职责时，人民应该对君主完全忠诚。他于1651年出版的《利维坦》一书，为之后所有的西方政治哲学发展奠定了根基。霍布斯的思想对其后的约翰·洛克、孟德斯鸠和让·雅克·卢梭有深刻影响，但同时他的社会契约理论与绝对君主思想又有其独特性。

基佐

弗朗索瓦·皮埃尔·吉尧姆·基佐（1787—1874），法国政治家、历史学家，他在1847年到1848年间任法国首相，是法国第二十二位首相。他是保守派人士，在任期间，他未能留心民间的疾苦，对内主张实行自由放任政策；对外则主张成立法比关税同盟，以对抗当时的德意志关税同盟，但这些措施均引起国内和国外的不满。1848年的二月革命，路易·菲利普的七月王朝被推翻，基佐也因而下台。他著有《英国革命史》、《欧洲文明史》、《法国文明史》等著作。

卡尔·考茨基

卡尔·考茨基（1854—1938），社会民主主义活动家，亦是马克思主义发展史中的重要人物。考茨基是卡尔·马克思代表作《资本论》第四卷的编者，是19世纪末德国社会民主党内最主要的领导人之一。

康德

伊曼努尔·康德（1724—1804），德国哲学家、天文学家，是星云假说的创立者之一、德国古典哲学的创始人、唯心主义者、不可知论者，德国古典美学的奠定者。他被认为是现代欧洲最具影响力的思想家之一，也是启蒙运动最后一位主要哲学家。康德哲学理论的一个基本出发点是认为将经验转化为知识的理性是人与生俱来的，没有先天的范畴我们就无法理解世界。他的这个理论结合了英国经验主义与欧陆的理性主义，对德国唯心主义与浪漫主义影响深远。

康德的一生可以以1770年为标志分为前期和后期两个阶段，前期主要研究自然科学，后期则主要研究哲学。前期的主要成果有1755年发表的《自然通史和天体论》，其中提出了太阳系起源的星云假说。在后期，从1781年开始的9年里，康德出版了一系列涉及领域广阔、有独创性的伟大著作，给当时的哲学思想带来了一场革命，它们包括《纯粹理性批判》（1781年）、《实践理性批判》（1788年）和《判断力批判》（1790年）。“三大批判”的出版标志着康德哲学体系的完成。三大批判分别探讨了认识论、伦理学以及美学。

政治上，康德是一名自由主义者，他支持法国大革命以及共和政体，在1795年他还出版过《论永久和平》一书，提出议制政府与世界联邦的构想。其生前最后一本有代表性的著作是《人类学》（1798年），一般认为该书是对整个学说的概括和总结。康德晚年已经以一名出色的哲学家闻名于世，他去世后，人们为他举行了隆重的葬礼。

孔德

奥古斯特·孔德（1798—1857）是法国著名的哲学家，社会学、实证主义的创始人。1817年8月，他成为著名的乌托邦社会主义者圣西门的秘书。1830年，《实证主义教程》第一卷出版，稍后其他各卷（共四卷）陆续出版。1842年出版的第四卷中，正式提出“社会学”这一名称，并建立起社会学的框架和构想。1844年孔德遇到对其理论发生重大影响的德克洛蒂尔德·德沃。受德沃影响，孔德创立“人道教”，并成立了具有宗教色彩的“实证主义学会”。整个19世纪，值得一提的法国社会学家屈指可数，但作为实证主义的创始人，奥古斯特·孔德被称为社会学之父当之无愧。他创立的实证主义学说是西方哲学由近代转入现代的重要标志之一。

李约瑟

李约瑟（1900—1995），英国伦敦人，著名生物化学专家、汉学家，英国剑桥大学李约瑟研究所名誉所长。数次来到中国，先后任英国驻华科学参赞、中英科学合作馆馆长，1946年赴巴黎任联合国教科文组织自然科学部主任。著有《中国科学技术史》（28卷册）、《化学胚胎学》、《中国科学》、《科学前哨》及

《中国神针：针灸史及基本原理》等著作。

列宁

列宁（1870—1924），原名弗拉基米尔·伊里奇·乌里扬诺夫，列宁是他的笔名。列宁是无产阶级革命家、政治家、思想家、理论家，布尔什维克党创立者、苏联缔造者，任苏联人民委员会主席。他继承和发展了马克思主义，形成了列宁主义理论。他被全世界共产主义者广泛认同为“全世界无产阶级和劳动人民的伟大革命导师和领袖”，也被世人认为是20世纪最伟大的人物之一。俄罗斯国家电视台2008年进行了一项关于国内最伟大历史人物的网上民意调查评选活动，经过统计，列宁位列第六，位于亚历山大·涅夫斯基、斯托雷平、斯大林、普希金、彼得大帝之后。

卢梭

让·雅克·卢梭（1712—1778），启蒙时代瑞士裔的法国思想家、哲学家、政治理论家和作曲家，是18世纪法国大革命的思想先驱，启蒙运动最卓越的代表人物之一。其论文《科学和艺术的进步对改良风俗是否有益》及《论人类不平等的起源与基础》确定了他在哲学史上的地位；他的《社会契约论》的人民主权及民主政治哲学思想深刻影响了启蒙运动、法国大革命和现代政治、哲学和教育思想。此外，他还著有《爱弥儿》、《忏悔录》、《新爱洛伊斯》、《植物学通信》等著作。

罗莎·卢森堡

罗莎·卢森堡（1871—1919），国际共产主义运动史上杰出的马克思主义思想家、理论家、革命家，德国社会民主党和第二国际左派领袖，被列宁誉为“革命之鹰”。在反对资本主义、修正主义和帝国主义世界大战的暴风骤雨中，始终英勇斗争，不畏强暴，展现了高度的革命乐观主义精神。1871年3月5日，出生于俄国占领下的波兰扎莫希奇的一个犹太人家庭，她原是波兰立陶宛王国社会民主党理论家。1898年移居德国柏林，并加入德国社会民主党，是党内的社会民主理论家。1914年，当德国社会民主党宣布支持德国参与第一次世界大战时，她和卡尔·李卜克内西合作成立马克思主义革命团体“斯巴达克同盟”，与社民党内以艾伯特为代表的右倾势力斗争。该组织于1919年1月1日转为德国共产党。1918年11月，在德国革命期间，她创办了《红旗报》，作为左翼的中央机构。1915年—1918年间被多次关押。罗莎·卢森堡起草了德国共产党党纲。她认为1919年1月柏林的斯巴达克起义是一个错误，但起义开始后她还是加以支持。当起义被自由军团镇压时，卢森堡、李卜克内西与其他数百位支持者被逮捕，遭到严刑拷打并被杀害。

洛克

约翰·洛克（1632—1704），英国哲学家，经验主义的开创人，同时也是第一个全面阐述宪政民主思想的人，在哲学以及政治领域都有重要影响。洛克的第一本主要著作是《论宽容》，而洛克最知名的两本著作则分别是《人类理解论》和《政府论》。洛克的思想对于后代政治哲学的发展产生了巨大影响，并且被广泛视为是启蒙时代最具影响力的思想家和自由主义者。他的著作也大大影响了伏尔泰和卢梭，以及许多苏格兰启蒙运动的思想家和美国开国元勋。他的理论被反映在美国的《独立宣言》上。洛克的精神哲学理论通常被视为是现代主义中“本体”以及自我理论的奠基者，也影响了后来大卫·休谟、让·雅各·卢梭与伊曼努尔·康德等人的著作。洛克是第一个以连续的“意识”来定义自我概念的哲学家，他也提出了心灵是一块“白板”的假设。与笛卡尔和基督教哲学不同的是，洛克认为人生下来是不带有任何记忆和思想的。

马克思

卡尔·亨利希·马克思（1818—1883），马克思主义的创始人，第一国际的组织者和领导者，全世界无产阶级和劳动人民的伟大导师、政治家、哲学家、经济学家、革命理论家。主要著作有《资本论》、《共产党宣言》。他是无产阶级的精神领袖，是当代共产主义运动的先驱，支持他理论的人被视为马克思主义者。马克思最广为人知的哲学理论是他对于人类历史进程中阶级斗争的分析。他认为几千年以来，人类发展史上最大的矛盾与问题就在于不同阶级之间的利益掠夺。依据历史唯物论，马克思曾大胆地假设，资本主义终将被共产主义所取代。

孟德斯鸠

查理·路易·孟德斯鸠（1689—1755），法国启蒙思想家，社会学家，是西方国家学说和法学理论的奠基人。1748年他出版了《论法的精神》，全面分析了三权分立的原则。伏尔泰夸赞这本篇幅巨大、包罗万象的著作是“理性和自由的法典”。

尼采

弗里德里希·威廉·尼采（1844—1900），德国著名哲学家，西方现代哲学的开创者，同时也是卓越的诗人和散文家，他的著作对于宗教、道德、现代文化、哲学，以及科学等领域提出了广泛的批判和讨论。他的写作风格独特，经常使用格言和悖论的技巧。尼采对于后代哲学的发展影响极大，尤其是在存在主义与后现代主义上。他最早开始批判西方现代社会，然而他的学说在他的时代却没有引起人们的重视，直到20世纪，才激起深远的调门各异的回声。后来的生命哲学、存在主义、弗洛伊德主义、后现代主义，都以各自的形式回应尼采的哲学思想。尼采著有《悲剧的诞生》、《查拉图斯特拉如是说》、《偶像的黄昏》等著作。

欧文

罗伯特·欧文（1771—1858），英国乌托邦社会主义者，也是一位企业家、慈善家。欧文在历史上第一次揭示了无产阶级贫困的原因，并从生产力的角度提出公有制与大生产的紧密关系，他晚年还提出过共产主义主张。他最著名的著作为《新社会观》、《新道德世界书》。罗伯特·欧文是历史上第一个创立学前教育机关（托儿所、幼儿园）的教育理论家和实践者。教育与生产劳动相结合，是欧文对人类教育理论宝库的一大贡献。他认为，要培养智育、德育、体育全面发展的一代新人，必须把教育与生产劳动结合起来。

培根

弗朗西斯·培根（1561—1626），英国哲学家、思想家、作家和科学家，是古典经验论的始祖。他不但在文学、哲学上多有建树，在自然科学领域里，也取得了重大成就。培根是一位经历了诸多磨难的贵族子弟，复杂多变的生活经历丰富了他的阅历，随之而来的是他的思想成熟，言论深邃，富含哲理。他是一位理性主义者而不是迷信的崇拜者，是一位经验论者而不是诡辩学者；在政治上，他是一位现实主义者而不是理论家。他在逻辑学、美学、教育学方面也提出许多思想。他著有《新工具》、《论说随笔文集》等著作，此外，他还有许多名言为众人所知，“知识就是力量”就是其中最著名的一句名言。

普列汉诺夫

格奥尔格·瓦连廷诺维奇·普列汉诺夫（1856—1918），俄国马克思主义先驱，俄国社会民主工党总委员会主席。他早年是民粹主义者，在1883年后的20年间是俄国马克思主义政党的创始人和领袖之一，是最早在俄国和欧洲传播马克思主义的思想家，也是俄国和国际工人运动的著名活动家，十分受列宁尊敬。

普罗泰戈拉

普罗泰戈拉（约公元前490—约公元前420），公元前5世纪希腊哲学家，智者派的主要代表人物。他出生在阿布德拉城，多次来到当时希腊奴隶主民主制的中心雅典，与民主派政治家伯里克利结为挚友，曾为意大利南部的雅典殖民地图里城制定过法典。一生旅居各地，收徒传授修辞和论辩知识，是当时最受人尊敬的“智者”。普罗泰戈拉留传下来的最主要的哲学名言就是在《论真理》中说的，“人是万物的尺度，存在时万物存在，不存在时万物不存在。”

塞利格曼

马丁·塞利格曼（1942—），美国心理学家，主要从事习得性无助、抑郁、乐观主义、悲观主义等方面的研究。曾获美国应用与预防心理学会的荣誉奖章，并由于他在精神病理学方面的研究而获得该学会的终身成就奖。1998年当选为美国心理学会主席。

圣西门

克劳德·昂列·圣西门（1760—1825），法国哲学家、经济学家、社会改革家、空想社会主义者。与实证主义创始人奥古斯特·孔德相熟，曾聘其为秘书。圣西门出身贵族，曾参加法国大革命，还参加过北美独立战争。他抨击资本主义社会，致力于设计一种新的社会制度，并花掉了他的全部家产。在他所设想的社会中，人人劳动，没有不劳而获，没有剥削，没有压迫。圣西门一生写了许多著作，但直到1825年4月发表的《新基督教》这部圣西门最后的著作，才标志着他创建的空想社会主义大厦的完成。

叔本华

亚瑟·叔本华（1788—1860），德国著名哲学家，他继承了康德对于现象和物自体之间的区分。不同于他同代的费希特、谢林、黑格尔等取消物自体的做法，他坚持物自体，并认为它可以通过直观而被认识，将其确定为意志。意志独立于时间、空间，所有理性、知识都从属于它，人们只有在审美的沉思时才能逃离其中。叔本华将他著名的极端悲观主义和此学说联系在一起，认为意志的支配最终只能导致虚无和痛苦。他对心灵屈从于器官、欲望和冲动的压抑、扭曲的理解预言了精神分析学和心理学。他的代表著作有《作为意志和表象的世界》等。

苏格拉底

苏格拉底（公元前469—公元前399），古希腊著名的思想家、哲学家、教育家，他和他的学生柏拉图，以及柏拉图的学生亚里士多德被并称为“古希腊三贤”，更被后人广泛认为是西方哲学的奠基者。身为雅典的公民，据记载，苏格拉底最后被雅典法庭以引进新的神和腐蚀雅典青年思想之罪名判处死刑。尽管他曾获得逃亡雅典的机会，但苏格拉底仍选择饮下毒堇汁而死，因为他认为逃亡只会进一步破坏雅典法律的权威，同时也是因为担心他逃亡后雅典将再没有好的导师可以教育人们了。

维柯

乔瓦尼·巴蒂斯塔·维柯（1668—1744）是一名意大利政治哲学家、修辞学家、历史学家和法理学家。他为古老风俗辩护，批判了现代理性主义，并以巨著《新科学》闻名于世。

亚当·斯密

亚当·斯密（1723—1790），苏格兰哲学家和经济学家，是经济学的主要创立者。他所著的《国富论》成为了第一本试图阐述欧洲产业和商业发展历史的著作。这本书发展出了现代的经济学学科，也提供了现代自由贸易、资本主义和自由意志主义的理论基础。

亚里士多德

亚里士多德（公元前384—公元前322），古希腊斯吉塔拉人，世界古代史上最伟大的哲学家、科学家和教育家之一。是柏拉图的学生，亚历山大大帝的老师。公元前335年，他在雅典办了一所叫吕克昂的学校，被称为逍遥学派。马克思曾称亚里士多德是古希腊哲学家中最博学的人物，恩格斯称他是古代的黑格尔。作为一位最伟大的、百科全书式的科学家，亚里士多德对世界的贡献无人可比。他对哲学的几乎每个学科都作出了贡献。他的写作涉及伦理学、形而上学、心理学、经济学、神学、政治学、修辞学、自然科学、教育学、诗歌、风俗，以及雅典宪法。

《1844年经济学哲学手稿》

《1844年经济学哲学手稿》是卡尔·马克思在年轻时代为了总结自己的思想和弄清思考的问题而写的一个未完成的手稿，由三个部分组成，这是一部研究政治经济学和哲学的著作。该手稿中，马克思根据当时情况，对一系列德国的古典哲学（包括黑格尔的辩证法、费尔巴哈的唯物论）、英国的古典政治经济学（亚当·斯密）以及法国的空想社会主义进行批判性整合。该手稿可以反映出马克思已经完全脱离了黑格尔的理论。

《德法年鉴》

《德法年鉴》是德国“第一个社会主义的刊物”。1844年2月底只在巴黎用德文出版了1—2期合刊号，主编是阿·卢格和马克思。由于当时卢格患病，这一期合刊主要是由马克思编辑的。这期合刊包括卢格写的《德法年鉴》计划、杂志撰稿人之间的8封通信、马克思的著作《〈黑格尔法哲学批判〉导言》和《论犹太人问题》、恩格斯的著作《政治经济学批判大纲》和《英国状况》，以及其他人写的三篇文章、两首诗、一份官方判决书和编后记《刊物的展望》。马克思和恩格斯在《德法年鉴》上发表的文章表明，他们最终完成了从革命民主主义向共产主义的转变。

《德意志意识形态》

《德意志意识形态》是一本哲学巨著文本，于1845年由马克思和恩格斯合著，于1932年在莫斯科出版。在1847年，《德意志意识形态》的部分内容在《威斯特伐里亚汽船》杂志8月和9月号发表过。本书第一次系统阐述了历史唯物主义的基本原理，如社会存在决定社会意识、生产方式在社会生活中起决定作用、生产关系必须适合生产力的发展等，标志着马克思主义哲学的成熟。此外，本书还批判地分析了当时的费尔巴哈、鲍威尔及施蒂纳的唯心主义历史观，批判了真正的社会主义或德国社会主义的各种代表哲学观点，表达了对科学社会主义的认识。

《反杜林论》

《反杜林论》是恩格斯于1876年5月底至1878年7月初的著作，是一部伟大的马克思主义著作，是马克思主义发展史上的一座丰碑。

《共产党宣言》

《共产党宣言》是无产阶级革命导师马克思、恩格斯受“共产主义者同盟”1847年12月伦敦第二次代表大会的委托，于1847年11月—1848年1月间共同撰写的关于科学共产主义的第一个纲领性文献。它是国际共产主义运动的第一个纲领性文献，是一部划时代的光辉文献。《共产党宣言》以辩证唯物主义与历史唯物主义为理论基础，以阶级斗争为线索，解剖了资本主义制度，阐明了资本主义的发生、发展和必然灭亡的客观规律；阐明了无产阶级作为资本主义掘墓人和共产主义创建者的伟大历史使命；

论证了无产阶级革命和无产阶级专政是无产阶级获得解放的唯一道路；批判了打着社会主义招牌的同科学共产主义相对立的各种流派的所谓理论；奠定了无产阶级政党的学说，并确立了党的战略、策略、原则。

《关于费尔巴哈的提纲》

《关于费尔巴哈的提纲》写于1845年春，马克思生前未发表过。最早发表于1888年，恩格斯在《路德维希·费尔巴哈和德国古典哲学的终结》的序言中称这个文件为“关于费尔巴哈的提纲”，并作为该书的附录首次发表。它被恩格斯称为“包含着新世界观的天才萌芽的第一个文件”，“历史唯物主义的起源”。《关于费尔巴哈的提纲》和《德意志意识形态》一起被公认为是马克思主义哲学，特别是唯物史观创立的基本标志。

《莱茵报》

《莱茵报》，《莱茵政治、商业和工业日报》的简称，“德国现代期刊的先声”（恩格斯语，《马克思恩格斯选集》第1卷第514页）。

《路德维希·费尔巴哈和德国古典哲学的终结》

《路德维希·费尔巴哈和德国古典哲学的终结》是恩格斯

为论述马克思主义哲学同德国古典哲学的关系，阐明马克思主义哲学基本原理而写的一部重要的哲学著作。写于1886年，同年发表在德国社会民主党理论杂志《新时代》的第4—5期上。1888年出版单行本。20世纪20年代末30年代初传入中国，曾出版过林超真、彭嘉生、张仲实等人的6种译本。这本著作全面论述了马克思主义哲学和黑格尔、费尔巴哈哲学之间的批判继承关系，系统阐述了辩证唯物主义和历史唯物主义的基本原理，具体说明了马克思主义哲学产生的理论来源和自然科学基础，深刻分析了马克思主义哲学在哲学领域中革命变革的实质。

《矛盾论》

《矛盾论》是毛泽东哲学代表著作，它是继《实践论》之后，为了克服存在于中国共产党内的严重的教条主义思想而写的。原是1937年7月—8月在延安抗日军事政治大学所讲的《辩证法唯物论》的第三章第一节。于1952年暂收入《毛泽东选集》第二卷，再版时移入第一卷。该书运用唯物辩证法总结了中国共产党领导中国革命斗争的实践经验，从两种宇宙观、矛盾的普遍性、矛盾的特殊性、主要矛盾和矛盾的主要方面、矛盾诸方面的同一性和斗争性、对抗在矛盾中的地位等方面，深刻地阐述了对立统一规律。

《前进报》

德国社会主义工人党中央机关报，1876年10月1日创刊。1875年5月召开的德国社会民主党和全德工人联合会哥达合并大会决定，两派的机关报暂时并列为新成立的社会主义工人党的机关报。

《人权宣言》

《人权宣言》，1789年8月26日颁布，是在法国大革命时期颁布的纲领性文件。《人权宣言》以美国的《独立宣言》为蓝本，采用18世纪的启蒙学说和自然权论，宣布自由、财产、安全和反抗压迫是天赋不可剥夺的人权，肯定了言论、信仰、著作和出版自由，阐明了司法、行政、立法三权分立，法律面前人人平等，私有财产神圣不可侵犯等原则。

《人是机器》

法国J.O.拉美特里的著作。在作者因出版《心灵的自然史》一书被迫流亡荷兰时写成，1747年匿名发表。拉美特里根据大量医学、解剖学和生理学的科学材料，证明人的心灵状况决定于人的机体状况，特别着重证明思维是大脑的机能和道德源于机体的自我保存的要求。《人是机器》假定一切生物都具有所谓“运动的始基”，它是生物的运动、感觉以及思维和良知产生的根据。书中明确指出，运动的物质能够产生有生命的生物、有感觉的动物和有理性的人。公开表明唯物主义和无神论的立场，驳斥心灵为独立的精神实体的唯心主义观点，论证精神对物质的依赖关系。《人是机器》在自然观、认识论、社会历史观、无神论和伦理学等许多方面还提出一系列后来为其他法国唯物主义者进一步发展了的思想。它是18世纪法国第一部以公开的无神论形式出现的系统的机械唯物主义著作。

《神圣家族》

《神圣家族》是一本由马克思和恩格斯在1844年11月创作的书。这本书对青年黑格尔派及其在当时学术界极其流行的思想潮流进行了批判。该书的名称是由出版商提议取的，并用作讽刺鲍威尔兄弟及其支持者。该书引发了争议并使得鲍威尔对此进行了反驳。鲍威尔称马克思和恩格斯误解了自己的说法。马克思之后在《德意志意识形态》中讨论了相关问题。

《唯物主义和经验批判主义》

《唯物主义和经验批判主义》是列宁批判经验批判主义哲学思潮、阐述辩证唯物主义认识论的重要著作。1908年2月—10月在日内瓦和伦敦写成，1909年5月由莫斯科“环节”出版社出版。这部著作在国际上得到了广泛的传播，先后被译为20多种文字。它对中国思想界也有很大的影响，1930年，笛秋和朱铁笙第一次将它译成中文，由上海明日书店出版发行。

《政治经济学批判大纲》

《政治经济学批判大纲》是恩格斯的第一篇经济学著作。写于1843年底至1844年1月，1844年2月发表在《德法年鉴》上。中译本收入人民出版社1956年出版的《马克思恩格斯全集》第1卷。研究了资本主义社会经济制度和资产阶级政治经济学的基本范畴，论述了消灭私有制的必要性，对社会主义革命作了初步论证，是马克思主义发展史上第一篇经济学著作。

《资本论》

《资本论》是马克思的著作，以唯物史观的基本思想为指导，通过深刻分析资本主义生产方式，揭示了资本主义社会发展的规律，同时也使唯物史观得到了科学的验证和进一步的丰富发展。《资本论》运用唯物史观的观点和方法，将社会关系归结为生产关系，将生产关系归结于生产力的高度，从而证明了社会形态的发展是一个不以人的意志为转移的自然历史过程。

《自然辩证法》

《自然辩证法》是德国哲学家弗里德里希·恩格斯一部尚未完成的著作，是恩格斯多年来对自然科学研究的总结。对19世纪中期的主要自然科学成就用辩证唯物主义的方法进行了概括，并批判了自然科学中的形而上学和唯心主义的观念。在恩格斯去世后，1896年发表了其中一篇论文《劳动在从猿到人转变过程中的作用》，1898年发表了其中另一篇论文《神灵世界中的自然科学》，直到1925年才在前苏联出版的德文和俄文译本对照的《马克思恩格斯文库》中全文发表。